生态、人文、生活的对接和融合

——清远第三届生态文化高峰论坛论文集

李贤成　胡　伟　主编

線裝書局

生态兴，文明兴。这是自然规律。辩证理解，如果文明好，生态会更好。这是一个互动的过程。

经过数十年经济发展，中国进入了国际经济大循环，国民经济总量也昂首进入世界前列。在这样的时刻，长期一直关心、关注生态事业的中央，提出要发展生态文明建设，建设美丽中国，为华夏民族实现伟大复兴，一劳永逸地打牢生态基础，这是伟大的创举。中华民族史上，没有一个管理者为了生态建设，下过这么大的建设决心，投过这么大气力。在世界发展史上，这也是非常罕见的。

今天，我们的森林覆盖率达到了23%，把历史生态账，恶补了一把。可以说，现在我们绿起来、活起来、富起来了。这只是纸面成绩，我们还有精神成绩。生态文明之风吹遍大地，人人都爱绿色。如今，谁不重视森林，谁就没有话语权。

当然，生态文明是厚重的、长期的、高级的文明。我们现在取得的生态成果，对于超级人口大国的我们，那还是刚刚起步的，还远远没到马放南山的水平。不论总量，还是均量，我们拥有的生态价值还是相对不够的。自然是缓慢进化的过程，即便加入人工的助力，生态的恢复依然是长期的。何况破坏容易，建设难，是生态建设固有的规律。

正因如此，我们需要客观认识生态。

我们需要大众认知生态。

任何急功近利搞生态的方法都是无效的。

生态文明建设不是毕其功于一役，而是在强大的生态文化基础上，用时间和资金慢慢培育出来的宝山。

鉴于此，我们需要大众对生态文明继续穿透式的认知，需要群策群力，需要顶层设计，需要最扎实的努力。可以相信，只要我们认真对待，艰苦奋斗，我们就一定会见到绿水青山，也见到金山银山。因为，绿色的大地，才能让人类有信心面对不确定的未来。

清远是珠三角重要生态屏障和水源涵养地，森林覆盖率面积达 70%。2018 年，习近平总书记视察清远时提出清远要筑牢粤北生态屏障。2019年，广东省委、省政府出台《关于构建"一核一带一区"区域发展新格局促进全省区域协调发展的意见》，清远被定位为全省重要的生态屏障，要以保护生态环境为首要任务。清远市委市政府认真贯彻落实习近平总书记的指示精神和省委省政府决策部署，高标准、高水平打造生态特别保护区，积极创建国家公园，探索建立以国家公园为主体的自然保护地体系，力求走出一条高质量绿色发展新路，打造生态发展新标杆。

　　我们举办"生态、人文、生活的对接和融合"为主题的清远第三届生态文化高峰论坛，向社会广泛征集论文，集社会之力为清远生态文化发展建言献策，并在线上开展了活动，取得较好的效果和影响。为展示本次论坛的成果，我们精选了部分作品汇集成书，为清远乃至全国生态文明建设提供理论支撑。

　　在此，向主持本书审订工作的中国林业文学艺术工作者联合会秘书长曹靖，参与本书编辑工作的清远市社会科学界联合会党组成员、副主席杨兆辉、卢珊燕，以及参与本书制作工作的邓维善、茉莉、侯克勤、董哲等同志一并致谢！

目　录

一、清远第三届生态文化高峰论坛论文集

在清远第三届生态文化高峰论坛的致辞

国家林业和草原局宣传中心副主任　王　振

各位与会嘉宾、专家学者：上午好！

首先，热烈祝贺广东省清远市第三届生态文化高峰论坛在网络上举行！其次，衷心感谢参加今天高峰论坛的各位嘉宾和专家学者！是你们的积极行动，推动了新时代生态文化的繁荣发展。

当前，全党全国都在传达学习党的十九届六中全会精神和《中共中央关于党的百年奋斗重大成就和历史经验的决议》，推动统一思想、统一意志、统一行动，使党团结带领全国各族人民以史为鉴、开创未来，埋头苦干、勇毅前行，向着全面建成社会主义现代化强国第二个百年奋斗目标迈进。我们今天召开的第三届生态文化高峰论坛，就是贯彻落实党的十九届六中全会精神，坚定中国特色社会主义道路自信、理论自信、制度自信、文化自信，坚持新时代习近平生态文明思想的具体实际行动，必将在深化清远乃至全国生态文化认知和生态文明实践上产生深远影响。

生态文化是生态文明实践的引领和先导。推动生态文明和美丽中国建设持续健康发展，需要生态文化的繁荣与进步。国家林业和草原局作为我国生态保护和建设的重要部门，在抓好生态保护修复的同时，不断加大生态文化的传承与弘扬力度，为推动我国生态建设的高质量发展创造了强大的精神动力和文化支撑。2020年，国家林业和草原局在总结以往传承弘扬生态文化实践的基础上，出台了《国家林业和草原局关于推进生态文化建设的实施意见》，为推进"十四五"和今后一段时期生态文化体系建设提供了遵循。国家林业和草原局将采取措施，从以下几方面抓好生态文化建设。

一、弘扬新时代林草精神。林草工作既是一项功在当代、利在千秋的伟大事业，也是一个任务艰巨、条件艰苦的传统行业。只有发扬时代的林草精神才能把林草工作做好。挖掘选树一批时代特征鲜明、群众基础广泛、感召能力强的林草先进典型，强化典型引领、示范带头作用。要弘扬我国林草战线涌现出的塞罕坝精神、右玉精神、八步沙精神、柯柯牙精神，始终保持开拓进取、艰苦奋斗的优良作风，为生态文明建设注入强大的精神动力。

二、倡导生态伦理道德。通过思想引领、宣传普及、教育促进、文艺感染等方式，引导公众树立绿色、节约、环保、低碳的生活理念，倡导自然健康、生态审美、简约适度的绿色生活方式，凝聚生态共识。开展绿色共建共享行动，鼓励公众参与认养树木、捐助造林、建言献策、爱心救护野生动物以及城乡绿化美化行动等生态公益事业，促进生态文明理念深入人心。

三、保护传承生态文化遗产。组织生态文化资源普查，整理蕴藏在各地典籍史志、民族习俗、文学艺术、建筑古迹、方物特产等中的生态文化遗产，开展古村落、原生地、古树名木等专项保护行动。实施中华生态文化理论研究工程，开展森林、草原、湿地、沙漠、动植物以及花、果、木、茶、竹等生态文化体系专项研究，加强典籍编纂和图书出版工作。发挥生态文化村、华夏古村镇等示范作用，探索建立环境优美、特色鲜明、资源丰富、文化深厚的生态文化示范基地，发挥辐射带动作用和品牌效益。

四、发展生态文化教育。推动生态文化纳入国民教育体系，编制生态文化读本教材。深入开展青少年生态文化教育体验活动，组织专题研学、自然科普及校园志愿活动，鼓励农林院校定期面向学生和公众开放实验室、博物馆、标本馆、展示厅等活动设施。推动生态教育进社区、进厂矿、进军营、进乡村行动，完善各类科普标识、文化景观、生态绿道等，提高公众生态文明素质。丰富生态教育教学实践实训形式，整合高等院校、科研院所、培训机构、文化企业力量，完善自然教育、生态体验、森林康养等绿色基础设施，开发夏令营、亲子游、拓展训练等户外课程，举办体验式、互动式培训活动。

五、繁荣生态文化创作。举办文艺采风、笔会、演出、展览展示等活动，组织文艺工作者深入林草生态建设一线，创作底蕴深厚、涵育人心的优秀文艺作品。实施网络生态文化创作计划，推动网络文学、网络音乐、网剧、动漫、短视频、微电影等传承传播生态文化。搭建全社会参与的创作平台，发挥高等院校、文艺社团、媒体企业等社会力量，组织开展文学、摄影、音乐、影视、书画、动漫等各类文艺征集竞赛活动，建立体现生态性、艺术性和人民性的评价体系和激励机制，鼓励社会大众参与创作。

六、打造生态文化品牌。立足文化特色，利用优势资源，打造一批社会知名度高、国际影响力大的生态文化品牌。挖掘培育纪念节庆的生态文化内涵，持续办好植树节、草原保护日、湿地日、荒漠化日、国际森林日、生物多样性日、爱鸟周和保护野生动物宣传月等纪念节日活动，精心打造林草主题博览会、旅游节、文化节、音乐会、文化论坛等生态文化活动，创新形式，塑造品牌，扩大影响。

七、创新国家公园体制文化。国家公园是国家批准建立，保护我国自然生态系统中最重要、自然景观最独特、自然遗产最精华、生物多样性最富集的区域，支撑和引领我国自然保护地体系的建设和发展。建设国家公园，需要创新国家公园体制文化，挖掘其深刻的内涵，更好的建设国家公园，让国家公园的名片响更亮。

八、推动生态文化产业发展。加强生态文化与生态产业的深度融合，推进木文化、草文化、花文化、竹文化、茶文化、药文化等在相关产业转型提升中的作用，提高产业的文化附加值。发展油茶、经济林果、花卉、药材、林下经济及乡村旅游等特色生态文化产业，助力生态扶贫和乡村振兴。推动生态文化与健康养生、休闲娱乐、体育健身相融合，培育生态旅游、森林康养、森林步道、自然探险、踏青采摘、户外运动等生态文化产业新业态、新模式。依托森林城市和绿色乡村建设，提升乡村振兴中的生态文化贡献率。

九、促进生态文化国际交流。立足于倡导和构建人类命运共同体理念，拓展同"一带一路"沿线国家和地区在生态文化领域的合作交流。结合各项外事活动，讲好中国参与全球生态治理故事，举办生态文化国际论坛，交流分享生态建设经验，搭建开放多元、形式多样的交流平台，展示我国生态文明和美丽中国建设成就。

各位朋友，习近平总书记指出"山水林田湖是一个生命共同体，人的命脉在田，田的命脉在水，水的命脉在山，山的命脉在土，土的命脉在树"，道出了生态文化关于人与自然生态生命生存关系的思想精髓。坚持把培育生态文化作为重要支撑，就要将生态文化核心理念融入生态文明和美丽中国建设的全过程。生态文化成为经济社会发展主流文化的新时代已经到来了。让我们不负重托，不负青山。

预祝第三届生态文化高峰论坛取得圆满成功！

谢谢大家！

在清远第三届生态文化高峰论坛上的发言

中国林业文学艺术工作者联合会秘书长　曹　靖

各位嘉宾、文学艺术家和文化学者：大家上午好！

今天，我们在网络线上举行以"生态、人文、生活的对接和融合"为主题的清远市第三届生态文化高峰论坛，再一次搭建了生态文明价值理念和生态文学创作交流互鉴的平台，对推动生态文学艺术创作与生态文明实践有机结合并落地生根，具有重要意义。在此，特向本次高峰论坛表示热烈祝贺！

文化是民族的血脉，文学艺术是民族精神的火炬。当今，在我们迈向社会主义现代化第二个百年奋斗目标的征程中，文化已成为民族凝聚力和创造力的重要源泉，成了综合国力和竞争力的重要支撑。贯彻习近平生态文明思想，发展面向未来、面向现代化的主流生态文化，为生态文学艺术繁荣发展提供了广阔的空间。广大文学艺术家和文化学者要深入生态保护修复一线，积极创作弘扬时代主旋律的生态文学艺术作品，努力开创生态文学艺术创作的新局面，为在全社会牢固树立生态文明价值理念，推进生态文明和美丽中国建设提供精神动力和文化条件。

一、我国生态保护修复的主战场，为生态文学艺术创作提供了新舞台。推进生态文明和美丽中国建设，必须加大生态保护修复的力度，建立良好的自然生态系统，进而培育人与自然和谐共生的人文精神和文化滋养。以森林为代表的自然生态内涵丰富、包罗万象，是人类取之不尽、用之不竭的精神文化宝库，也是生态文学艺术创作的舞台。生态文学艺术创作是以森林等自然生态为对象，展示那独特的形态美、生机美、和谐美，揭示自然生态对人类情感、情趣、情操的塑造和影响，真实记录人民对自然生态认识、认知、相处的过程和结果。千百年来，人们种树用树、赏林爱林，借树寓意，以林抒情，留下了许多诗词丹青，形成了许多人生哲理，这既是生态文学艺术创作的积淀，也是展示文学艺术创作的舞台。

二、推进国家公园建设，为生态文学艺术创作提供了新机遇。建立国家公园，保护我国自然生态系统中最重要、自然景观最独特、自然遗产最精华、生物多样性最富集的区域，构建具有中国特色的自然保地体系，是习近平总书记亲自推动的国家生态文明体制机制的重大战略。目前，我国已批准建立五个国家公园，挖掘国家公园的深刻内涵，以其为创作对象，开展文学艺术创作，既是创新国家公园制度文化的需要，也是文学艺术家开展文学艺术创作的又一次机遇。

三、破解生态保护修复难题，为生态文学艺术创作提出了新任务。我国在推进生态保护修复中还面临许多困难和挑战。破解这些难题，不仅需要充分调动广大务林人的积极性，更需要有效动员全社会力量参与生态保护修复行动。生态文学艺术和生态文化具有汇集力量、凝聚人心和振奋精神、鼓舞斗志的重要作用。这就需要文学艺术家用你们充满正能量的文学艺术作品，去鼓舞人、教育人，感召人们去攻克生态保护修复的难题，去迎接这些挑战。

四、满足人民大众日益增长的生态文化需求，为生态文学艺术创作提出了新要求。建设具有中国特色的社会主义现代化，既是物质需要增长的过程，更是精神需要增长的过程。新时代，党和国家提出了碳达峰和碳中和的目标要求，如何更好地满足人民精神文化需求，特别是生态文化需求，保障人民生产生活等文化权益，已成为人民群众的热切期盼，这既是社会主义现代化的应有之义，也是生态文学艺术和生态文化工作的根本目的。新时代的生态文学艺术创作要紧扣人民群众的生态文化需求，多出精品力作，在提升人民生活质量和幸福指数方面发挥作用。

广东省清远市以生态文学创作与交流为切入点，引导公众树立生态文明价值理念，并指导生态文明实践活动，为我们提供了可借鉴、可示范的生态文明实践形式和路径，并推动了清远文化建设和生态文明实践的健康发展。

各位嘉宾、文学艺术家和文化学者，让我们在新时代习近平生态文明思想指引下，坚定生态文化自信，努力为伟大的新时代放歌，为开启第二个百年奋斗目标的新征程抒情，奋力谱写生态文明建设和美丽中建设的新篇章。

谢谢大家！

绿色消费与绿色生活方式

卢 风

卢 风

一、现代人的生活方式：生产与消费，工作与休闲

这里讲的"生活方式"是广义的"生活方式"，不与"生产方式"相对。"生活方式"若指人类的生存方式，就应该涵盖生产方式，因为人类的生存方式包含人类的生产方式。

现代大多数人的生活方式似乎可以简单概括为工作与消费，人们通过工作去赚钱，然后以消费或休闲的方式去花钱。有一个段子说：不会赚钱的男人等于猪；不会花钱的女人等于猪。这个段子以调侃的方式定义了人：人就是能赚钱、花钱的灵长类动物。把人"定义"为能赚钱、花钱的动物，就意味着工作和消费是人类生活中最重要的两件事，从社会的角度看，则意味着生产和消费是最重要的两件事。我国从"以阶级斗争为纲"到"以经济建设为中心"的改革开放，就是由不那么重视生产与消费到越来越重视生产与消费的社会变迁。

循着这一思路，人们就倾向于把人类活动划分为两大类：生产与消费，每个人的活动也相应地划分为两部分：工作与消费。循着这一思路，人们会认为，"生活方式"不包含"生产方式"，他们会把生活方式理解为生产领域之外的活动方式，例如休闲或消费。

从世界范围看，人们把工作与消费（赚钱与花钱）看作人生最重要的事情是现代化的结果，特别是资本主义发展的结果，是"万物商品化"

的结果。最根本的，是商业精英引领社会发展的结果。在古代社会，人们不会这么看待人生。

凡勃伦（Thorstein Veblen）说："处于掠夺的文化时期，在人们的思想习惯中，是把劳动跟懦弱或对主子的服从这类现象联结在一起的。因此劳动是屈居下级的标志，是一个有地位、有身份的男子所不屑为的。"在那个时期，社会是由军事精英统治的。在那个时期，"财富的内容主要是奴隶，以及由于拥有财富和权力而得来的利益，其形态主要是个人的劳役和个人劳役的直接成果"。换言之，在那个时期，统治阶级既不需要从事生产活动，也不太需要为个人或家庭生活而花钱。他们的财富是凭借武力而获得的。奴隶们要无条件地服劳役，他们没有多少或几乎没有花钱的机会。

从中国历史来看，军事精英统治社会或国家的历史是相当长的，尽管汉代以降，中国出现了相对完备的文官政府，但实质上的最高统治者大多是军事精英。例如，东汉末年，汉献帝只是名义上的最高统治者，实质上的最高统治者是当时的军事精英曹操（幸好曹操集军事精英、政治精英与文化精英于一身）。当然，在中国古代，军事精英与士（文人）一直处于复杂的互动或斗争之中。在争夺天下时，士只能充当参谋，主角是韩信、诸葛亮那样的军事精英。汉高祖刘邦就极为瞧不起儒生。但战争结束后，为治理天下，最高统治者就不得不重用文人。于是，在和平时期，居"四民之首"的士是领导阶级。但由于没有对暴力的制度化约束，故最高统治者往往由军事精英担任。在这样的社会，皇族和王侯家族享用较多由臣民进贡的物品，并非什么都必须用钱购买；农民们也有很多物品是自己制作自己使用或消费的，也并非什么都必须用钱购买。所以，传统中国人不可能把自己的生活方式归结为工作和消费（赚钱和花钱）。

随着现代化的发展，商业精英越来越具有引领社会潮流的影响力，商业对社会各方面、各领域的渗透力越来越强，以至于使"万物皆商品化"。这便空前凸显了货币的"神通"。人们为获得生活必需品必须花钱，为获得快乐也必须花钱，甚至为了获得"承认"也必须有钱，以至于让很多人认为，有了钱就有了一切，没有钱便丧失了一切。

在奴隶社会，劳动对奴隶来说是毫无乐趣的苦役，而且奴隶没有"辞职"和罢工的自由。现代社会赋予劳动者以基本人权，包括选择工作的权利，但现代社会仍无法确保多数人都能从事自己所喜欢的工作，无法确保在工作中就能享受生活的乐趣。很多人都不得不忍受工作的乏味，而只能在工作时间之外的休闲和消费中去享受人生的乐趣。休闲和消费都必须花钱（这不同于中国古代农民在农闲时的休息），而钱又只能通过工作去挣。于是，人生最重要的事情就是工作与消费，或赚钱与花钱。

现代化是人类文明的一次巨大进步，也就是由农业文明跃进到工业文明的进步。商业精英取代军事精英而成为引领社会的精英，也许正是人类走向永久和平的必要步骤。军事精英擅长的是战争或掠夺，而常态的商业活动就是和平的、互惠互利的商品交换，商业精英擅长的是商业活动，所以，总的来讲，他们比军事精英更倾向于选择和平而不是选择战争。军事精英只能通过战争而显示自己的独特才能，而商业精英在和平的环境里就可能充分显示自己的独特才能。

18世纪的欧洲启蒙学者就曾给予商业和商业精英以高度评价。有启蒙学者说，"纯种商人"是"博通的学者"，因为"他们不用书本就了解各种语言，不用地图就了解地理"。这些人通过旅行和通信就可以拥抱整个世界与所有国家，因此"够资格担任国家的任何职位"。也有启蒙学者说，"在一个共和国里，没有比商人更有用的成员。他们透过相互提供有益的服务把人类编织在一起；他们让大自然的恩物得以流通、为穷人提供工作、为富人增加财富、为君主增加荣耀"。著名启蒙思想家伏尔泰也曾说；"请走进伦敦证券交易所去"，"这是个比许多朝廷还更值得尊敬的地方。在那里你可以看到各民族的代理人为着人类的利益而聚集起来。在那里，犹太人、穆罕默德派和基督徒互相打交道，就像是同一宗教的教友。只有因为投机而破产者才会被冠以异教徒之名。在那里长老宗信徒信任浸礼宗信徒，而圣公会信徒也把贵格会信徒的话当话。这和平和自由的集会结束后，有些人会上犹太会堂去礼拜，另一些人会去喝酒；这一位会去奉圣父、圣子和圣灵之名受洗，那一位会去让人为他儿子行割礼并用别人听不懂的希伯来语为这个小孩喃喃祝祷；另外一些人去到他们的教堂，帽子戴在头上，静静地等待上帝降临——人人都心满意足。"

20世纪的著名经济学家和思想家熊彼特（Joseph A. Schumpeter）则说："工商资产阶级基本上是和平主义者，倾向于坚持把私人生活的道德观念应用在国际关系中。"他们"用不着挥舞刀剑，不需要体力上的英勇"，也不赞美"为打仗而打仗、为胜利而胜利"的意识形态。

当然，人类文明的发展是充满曲折的复杂过程，商业精英开始引领社会不意味着军事精英就立即退出历史舞台，也并非每一个商业精英都始终不渝地秉持和平主义精神。事实上，资本主义商业的发展一开始就伴随着殖民主义的掠夺和战争，20世纪又发生了两次世界大战。最要命的是，武器的制造难免要借助于商业，而靠制造或贩卖军火发财的商人，大约不会是真正的和平主义者。

无论如何，工作加消费（赚钱加花钱）的生活比奴隶们和古代农民们的生活好。但是我们也不能认为工作加消费就是最好的生活方式。

二、消费主义与资本主义

现代社会的主流生活方式既然是工作加消费（赚钱加花钱）的生活方式，便必然有一套为之辩护的意识形态。消费主义就是这样的意识形态。消费主义是资本主义意识形态的一部分，是一种价值观、幸福观、人生观。我们也可以说，消费主义是资本主义所特有的一种文化（狭义）。"这种文化的主要特征是：获取和消费成为实现幸福的手段，对新事物的崇拜，欲望民主化，金钱价值成为衡量社会所有价值的主要尺度。"

文化必须产生某种关于天堂的概念，或者是产生一些富有想象力的关于美好生活的想法。推动和信奉消费主义的人们相信，日益繁荣的商业社会就是人间天堂，随时可以通过购买而满足自己不断翻新的物质欲望的生活就是美好生活。"商业里自有空间来安放你所有的宗教、所有的诗歌和所有的爱。商业本应是美好的，并正在飞快地变得美好。"

进步主义者可能会宣称，消费主义文化是最符合人性的文化，是人类社会发展到高级阶段才会出现的文化。说人类社会发展到一个高级阶段——资本主义——才会出现消费主义文化是正确的，但断言它最符合人性则大可质疑。如现代社会学先驱查尔斯·库利（Charles Cooley）所言，"金钱价值"的出现并非"自然的"或"正常的"；它们是新经济和文化的历史产物，"而绝对不是全体人民一致行动的结果"。消费主义文化是商业精英引领创造的文化，是深契商业精英之价值追求的文化，也是能充分凸显商业精英之独特才能的文化。这种文化的种子已存在于古代商业精英的生活方式中，惟当商业精英成为主导社会潮流的精英时，它才会产生普遍影响，以至让人们误以为它就是最符合人性的文化。

当代历史学家认为，可能是在17世纪晚期而不是在18世纪，就出现了较为完整的消费主义。无论早期阶段和成熟阶段的精确分界线是什么时候，到18世纪中期，消费社会显然已经存在于英国、法国、低地国家以及德国和意大利的部分地区，某些迹象也已经扩展到英属北美殖民地。可见，从问世时间上看，消费主义与资本主义也大致上相同。

资本主义社会的基本特征就是让"资本的逻辑"成为社会建制和指

导社会行为的基本原则。所谓"资本的逻辑"就指这样一条行动律令：必须让资产（或财富）增值。也可以说，资本的定义就表示"资本的逻辑"。什么是资本？资本就是能增值的资产（或财富，主要指货币）。守财奴藏在地窖里的财宝不是资本，贫民用于维持日常生计的物品和货币也不是资本，只有能带来更多资产的资产才是资本。资产到了商业精英手里才可能成为资本。众多股民也力图让自己的资产成为资本。从个人看，这条行动律令的要求就是：你必须让你的资产增值，否则就是一个失败者；从社会看就是：我们所有人都必须为经济增长而努力，不增长，毋宁死。在古代社会，这个行动律令根本就不是一个具有普遍有效性的"律令"，唯当商业精英成为引领社会的精英时，这一律令才会具有普遍有效性。商业精英成为领导阶级，"资本的逻辑"就成了立法和制定公共政策的基本原则之一。在这样的社会条件下，经济增长就成了最重要的人类奋斗目标之一，甚至成了唯一的人类奋斗目标。我们通常认为，"发展是硬道理"，"和平与发展是当今世界的两大主题"。如果你按资本主义的理路去理解"发展"，你自然会认为，经济增长就是发展的根本标志。在现代社会，股市好像是社会状况或发展态势的晴雨表，出现牛市皆大欢喜，牛市标志着社会的快速发展；出现熊市股民沮丧（中国股民有1亿多），熊市标志着发展受阻。

我们或可认为，消费主义的问世略晚于资本主义的问世。资本主义的原始积累需要马克斯·韦伯所说的"新教伦理"，这种伦理蕴含克勤克俭原则，即殚思竭虑地赚钱，但绝不乱花一分钱，以便积累资本，扩大再生产。但这种一味克勤克俭以扩大再生产的生活方式是违背最基本的经济规律的。如果人们的消费不增长，不断增多的产品怎么卖得出去？唯当生产与消费大致同步增长时，资本才能顺畅流通。在资本原始积累时期，消费主义文化似乎是不必要的。完成了原始积累，资本主义就离不开消费主义。

从美国资本主义发展史看，消费主义文化的形成就是一个"欲望的民主化"过程。美国历史学家威廉·利奇（William R.Leach）在《欲望之地：美国消费主义文化的兴起》一文中写道：

伴随着对新事物的崇拜和消费者天堂的展开，欲望开始民主化。欲望民主化也根源于美国走向民主的伟大运动……

……1885年以后，随着国家工业化的飞速发展，民主观念，就像人们对待新事物及天堂的观念一样，开始发生根本变化。土地蕴含的财富日益减少，财富更多地存在于资本或者是生产新商品所需要的资金上。这种金钱财富被少数人拥有；与此同时，越来越多的美国人都失去了对工作的控制，变成依赖他人（资本所有者）来获取工资和福利。在这种背景下，一种新的民主概念产生了，它由日益增加的收入和不断提高的生活标准促成，得到资本家和许多进步主义改革者的支持……

这种带有高度个人主义色彩的民主观，强调人的自我取悦和自我实现，而非社区或公民福祉。

"欲望的民主化"就是"人们渴望得到同样的商品、享有同样的舒适和奢华的平等权利"。在消费主义文化中，人们会觉得阶级之间的界限模糊了（当然不是消失了）。并非仅仅资产阶级才接受消费主义，到了20世纪20年代，工人阶级也已"被卷入蓬勃发展的消费主义中"。

消费主义与拜金主义有不解之缘。在商业精英看来，"金钱是一切的核心：通过商品来赚钱，通过满足他人的梦想来赚钱，通过服务赚钱，通过图片赚钱"，他们的理想就是，"通过增加金钱提供舒适生活的能力"，提升"人类的幸福感"。

迄今为止，消费主义文化仍然未褪去物质主义的底色。消费主义文化的推动者们想"打造的是一个物质奢侈的'梦中世界'。物质主义是诱惑所在"。威廉·利奇写道：

［消费主义文化］传达了一种感觉，即至少在商品世界中，男人和女

人可以找到一种转变和解放、一个没有痛苦的天堂、一种新的永恒。他们可以找到宗教历史学家约瑟夫·哈洛图尼亚（Joseph Haroutunian）所谓的通过"拥有"而"存在"，通过"商品"而"发现善"。换句话说，充满消费幻想的消费世界开始培育这样一种观念，即男人和女人，可能不是通过精神上的善行或对"永恒"的追求，而是通过占有"商品"，追求"无穷"来成就自我，哈洛图尼亚将这种观念与资本主义"一直"生产新商品、创造新意义的趋势联系到了一起。

……哈洛图尼亚认为，"存在"是有限的，因为我们"只存在于我们这一生"并注定要走向死亡。而另一方面，在新的消费环境中，"拥有"则让人相信死亡是可以被克服的，或者人们可以在"无限的积累"中找到"永恒"。在我们这个时代，一个人积累的商品可能是无限的，但他用于积累商品的时间却是有限的。在机器的世界里，拥有有限生命的人是无限多的。"存在"的本质是有限的，但是，"拥有"却能冲破禁锢，朝无限奔去。带着死亡印记的人，面临着无限拥有的机会。

人是追求无限的有限存在者，哈洛图尼亚对商品社会中人的追求的解释印证了这一点。资产阶级或所有的深受拜金主义影响的人对金钱的无止境追求，现代社会对经济增长的极端重视，乃至一般而言人们对发展的重视，都源自人对无限的追求。或一言以蔽之：文明的发展源自人对无限的追求。

从古至今，不同阶级、阶层的人所使用的物品是不同的，人们使用的不同物品常常就是他们所属阶级或阶层的标志，或说是他们的社会地位的标志。在中国古代，不同爵位的贵族使用的物品的形制是受礼制约束的，王侯使用的物品的形制若采用了皇宫中的物品的形制会被视为谋反的迹象，而谋反会被诛九族。在"欲望民主化"的现代消费社会，亿万富翁的豪宅可以比总统官邸更加豪华。但民主化取消了贵族的等级制，却支持了基于金钱的等级制，人们按其拥有财富的多寡而分属不同的阶级或阶层。不同阶级或阶层的人们虽都使用同一类物，例如都使用汽车，但不同人们使用的汽车的档次有区别。恰是这种区别构成不同阶级或阶层的标识。例如，五菱、长安的车主一般都是在底层艰苦奋斗正处于创业阶段的人；丰田、大众、本田等品牌的车主一般都是小康之家的人；奔驰、宝马、奥迪的车主一般是资产上亿的人们，而劳斯莱斯、宾利等品牌的车主一般都是大企业家或者是大土豪（低阶层的人也会出于虚荣心而买低配置的名牌车）。人们必须通过拥有和使用特定的物（商品）而获得承认。例如，你若没有一辆豪车就没有资格进入某些私人会所或高档俱乐部。

总之，在现代消费社会，大众消费（mass consumption 亦可译为"大量消费"）对日常生活的浸润已不限于经济过程、社会活动和家庭结构，却已扩及意义心理体验（meaningful psychological experience），即影响个人身份的构成、社会关系的形成和社会事件的设计。

我们倾向于把消费主义界定为"工作加消费"或"赚钱加花钱"的生活方式辩护的意识形态，但有西方学者认为，消费是一种行动，而消费主义是一种生活方式（a way of life）。

虽然历史学家已把消费主义的问世追溯到 17 世纪晚期，但真正富足的消费社会或成熟的消费文化是在第二次世界大战之后的欧美发达国家出现的。对于消费文化和消费主义，既有人大唱赞歌，也有人大张挞伐。早在 20 世纪 70 年代，霍克海默和阿多诺就觉得在大量生产的社会消费者是被迫购买和使用商品的。反驳者则把消费看作是一种自由和解放。霍克海默和阿多诺认为资本主义文化已堕落为"野蛮无意义的"文化，反驳者则认为，资本主义经济实际上已达到一个史无前例的文化丰富的高峰。消费文化的赞扬者们把消费看作不断创新和赋能的源泉。赞扬者的最著名的代表或许就是米尔顿·弗里德曼（Milton Friedman），在弗里德曼看来，选择是基于自身之正当性的目的。当你每天在超市进行选择时，你就得到了你所选择的东西，其他的每个人也是这样的。投票箱产生了没有获得全体同意的一致性，市场则产生了没有一致性的全体同意。

从历史上看，消费主义文化是由资本主义社会孕育的，但它并非专属于资本主义社会。追求工业化的社会都难免滋生消费主义，因为工业化的目标就是高效的"大量生产"，"大量生产"必然要求"大量消费"。像中国这样的采用市场经济的社会主义社会不会大张旗鼓地宣传"消费主义"这个概念，但市场经济必须使用的营销手段——如大量使用广告——必然时时激励人们积极消费，政府出台的种种鼓励消费的政策也会促进消费主义文化的流行。

三、消费主义与物质主义

迄今为止的消费主义是物质主义的，消费主义生活方式就表现为无止境地追求物质财富的增长，表现为"大量消费、大量排放（抑或大量耗费）"，表现为大众积极参与的物质消费方面的攀比，表现为时尚所推动的物品消费方面的喜新厌旧（修旧不如换新）。这种消费主义从属于"大量开发、大量生产"的生产方式，在大量使用煤、石油、天然气等矿物能源的情况下，消费主义激励的"大量消费"必然导致"大量排放"。"大量开发、大量生产、大量消费、大量排放"必然导致严重的环境污染、生态破坏和气候变化。如今，越来越多的有识之士认为，"大量开发、大量生产、大量消费、大量排放"的生产－生活方式是不可持续的，这便意味着物质主义的消费主义生活方式是不可持续的。

从工业生态学的视角去审视工业文明的可持续性问题，人们倾向于认为，将来的绿色技术和生态技术可以在确保物质丰富的同时，使人类从生态危机中脱身。他们认为，将来的能源可实现100%的清洁化，通过循环和共享等方式，可以丝毫不降低人类生活的物质舒适程度而实现

"零排放"。那么，这是不是意味着物质主义的消费主义是没有问题的？不是！即便能源可达到100%的清洁化，物质财富的增长也是有极限的。也正因为如此，循环经济建设的第一要求便是物质减量化。

整个现代文明史表明，消费主义是难以祛除的，它甚至必然伴随着工业化进程，或更一般地，必然伴随着现代化进程。"让物质财富充分涌流"（或解放生产力）从而让所有人都免于物质匮乏既然是现代化要实现的基本目标，那么就应该让所有人都能享受物质丰裕的舒适。如前所述，消费主义的流行是商业精英领导社会的自然结果，而商业精英领导社会不仅带来了"欲望的民主化"，也使"自由、平等"的观念得到了空前的普及。由军事精英间歇甚至一贯统领社会到商业精英引领社会是一种历史的进步。消费主义生活方式是伴随着这一社会变迁而出现的，它的出现也代表着一种历史的进步。

那么，消费主义是不是只能是物质主义的呢？非物质主义的消费主义可能吗？答案是：消费主义并非只能是物质主义的，非物质主义的消费主义是可能的。如今，已有学者在探讨发展非物质经济的可能性和现实性，并探讨拜金主义与物质主义相剥离的可能性和现实性。在此，我们将讨论消费主义与物质主义相剥离的可能性和现实性。

人是追求无限的有限存在者。对无限的追求就体现于人们对自己所认定的最高价值的永无休止、永不知足的追求。这一点在各行各业的精英身上表现得最为典型，而在芸芸众生身上表现得相对平淡。几乎所有的宗教都力图把人类对无限的追求引导于精神（或非物质）领域。现代唯物主义则把一切宗教都指斥为迷信，指斥为麻痹人民的"麻醉剂"，进而用科学和物质主义指引人们追求无限。在生产严重不足、分配严重不公的古代社会，劳动人民（特别是农民）终岁劳苦，丰年勉强免于饥饿，灾年则不免填于沟壑。从这样的历史背景看，现代唯物主义对宗教的批判无疑具有启蒙大众的解放作用。它告诉人们，没有什么"天堂""净土"，没有什么救世主，没有什么神灵；物质是世界的本原，只有物质才是真实的。饥寒交迫的劳苦大众最缺乏的就是物质财富，富人最让穷人眼馋的也就是他们拥有用不完的物质财富。正因为如此，在资本主义早期，尽管物质主义的消费主义曾遭受过古板的宗教徒的痛斥和抵制，但它很快就借资本主义的发展大势而成为主流。在这一历史进程中，我们也确实能看清历代统治阶级对劳动人民的欺骗：辛勤劳作就是上帝或上天分配给你们的本分职责，供养统治阶级让他们养尊处优，也是上帝或上天分配给你们的本分职责，"劳心者治人，劳力者治于人"，"无君子莫治野人，无野人莫养君子"，你们必须克勤克俭，只有统治阶级才有权利享受各种奢侈品。就中国古代而言，统治阶级中不乏物质主义者，他们以贪求物质财富的方式追求无限，在劳苦大众中，大约没有什么物质主义者。欧洲启蒙的一个最值得重视的方面就是揭穿了古代统治者对劳苦大众的欺骗而告诉人们：人人都有权利以追求物质财富增长的方式追求无限，这便是"欲望的民主化"的实质。

资本主义也空前地激励了人类的各种创新，包括思想创新、科技创新、管理创新、营销创新，等等。创新也源自人对无限的追求。若没有对无限的追求，人就会安于现状。正因为有对无限的追求，人们才很容易产生对现实的不满，进而有超越现实的努力。这一点同样典型地体现为各行各业精英们不可遏止的创新冲动和努力。也正因为资本主义空前地激励了各种创新，才使工业文明空前提高了人类文明的发展速度，特别提高了物质财富的增长速度。在这一方面，我们可明显看出"冷战"时期两种现代化（抑或工业化）模式——市场经济与计划经济——的差别。市场经济远比计划经济更能持续地激励创新并保持生产的高效率。

那么，市场经济为什么比计划经济更能持续地激励创新、保持高效率呢？就因为市场经济制度不仅利用了人们的合作倾向，更充分利用了人们追求个人利益最大化的倾向。注意，我们在这里既不否认人们具有彼此合作的倾向，也不否认人们具有追求个人利益最大化的倾向。支持计划经济的意识形态片面地把人在各种具体情境中追求自我利益的倾向斥为罪恶的私有意识和自私自利意识，并力图用制度禁绝人们的自利行为，结果严重遏制了人们的创新冲动，并导致了多数人工作时的消极怠工。市场经济则不然，它用金钱激励人们积极创新、勤奋劳作，让人们有一项创新就有一分金钱回报，多一分劳作就多一分金钱回报。持续激励创新和劳作的机制就是这种金钱激励机制。这种机制无疑会滋生拜金主义。但拜金主义不见得在每个人身上都会得到极端的表现，拜金主义也必然会受到各种文化因素（包括宗教和艺术）的抑制。作为多元精神信仰的一种，拜金主义或许也能产生积极作用。例如，为了保护环境，维护生态健康，走出生态危机，降低温室气体排放，需要各行各业人们的积极创新和持续劳作。那么，用什么去激励人们从事这方面的创新和劳作呢？仅仅诉诸政治动员？诉诸人们的思想觉悟和高尚人格？显然不行，我们不得不利用市场机制去激励各种绿色创新，例如，碳排放税制度就是激励绿色创新的制度。我国的碳交易市场制度也属于此类。我们不得不用利润、工资和奖金去激励各行各业的人们保护环境、维护生态健康。少数人可能宁肯牺牲个人利益，也要不懈地保护环境，但绝大多数人必须在能得到金钱回报的情况下，才会积极地从事绿色创新和环境保护。正因为如此，拜金主义可以在受控制的情况下为生态文明建设发挥积极作用。

从消费主义问世的历史过程看，它不仅是物质主义的，而且是拜金主义的。事实上，拜金主义才是消费主义的本征属性，而物质主义不是，换言之，我们不可能把拜金主义从消费主义中剥离出去，但可以把物质主义从消费主义中剥离出去。最初的货币是多数人甚至人人都想要的物质形态的商品，后来演变为贵重而又易于分割和称量的金银，后来又演变为铜铁等铸造的形制标准的硬币，到了 20 世纪又演变为由政府信用支持的纸币，这一演变过程呈现为明显的去物质化和纯符号化趋势。从数字化技术日益发达的今天看，纸币终将消失，而演变成纯粹的数字符号。这样一来，我们将能看到物质主义与拜金主义的脱钩，从而看到物质主义与消费主义的脱钩。

人之追求无限源自人之"符号化的想象力和智能"。在此，我们必须区分狭义的符号与广义的符号。狭义的符号指语言（包括自然语言和人工语言）、文字、绘画（包括纹身）、雕塑、各种密码以及各种象征标志（Logo）等等，狭义的符号仅仅表示或传达意义。广义的符号则包括一切人工物，服装、珠宝、手表、手机、平板电脑、汽车等物质形态的人工物都是广义的符号。那些不属于狭义的符号的人工物往往因其物质结构而具有特定的使用价值，如衣服之御寒功能，汽车之运载功能，但它们也通过文化而隐晦曲折地表示或传达意义。

意义是非物质形态的，是通过文化而在人与人之间传播的。

对人生意义问题的回答注定是多种多样的，但这绝不意味着所有的答案都是同样正确或同样错误的。对于那种影响了绝大多数人的答案，我们尤其要加以辨析和反思。我们把信仰归入由个人自由选择的范围是完全合理的，但对于那种影响了绝大多数人的信念却必须加以辨析和反思。物质主义正是影响了绝大多数人信仰的信念，甚至是直接影响了立法和公共政策之制定的信念。所以，物质主义的影响绝不仅限于某些人的私人领域，它强有力地影响了公共领域。

长期以来，我们说和平与发展是世界的两大主题。人们对"发展"的理解往往是物质主义的，即人们通常认为，物质财富的增长是发展的硬指标，一个地区的工厂、楼房、汽车、高速公路、铁路、飞机、机场等越来越多，该地区就会被认为发展得好，一个地区若没有这些东西，就会被认为没有发展。在现代化国家，效率原则是立法和制定公共政策的基本原则之一，注重效率也是为了快速发展，遵循效率原则，就是让法律和公共政策能不断激励经济增长，迄今为止，物质财富的增长一直是经济增长的明显标志。物质主义就是通过对"发展"和"效率"的俘获而进入公共领域的。就这样，它几乎让一切原本抵御物质主义的宗教都让步甚至投降了，于是它影响了绝大多数人对人生意义的理解，即影响了绝大多数人的人生观。

如果物质财富的增长是没有极限的，那么就可以一任物质主义主导绝大多数人的人生追求。但现代科学和全球生态危机和气候变化的事实都表明，物质经济的增长是有极限的，物质主义所激励的"大量开发、大量生产、大量消费、大量排放"的生产－生活方式是不可持续的，即物质主义的消费主义生活方式是不可持续的。所以，人类必须根本改变其生产－生活方式。如果人类难以改变其消费主义的生活方式，那就必须让消费主义与物质主义脱钩，走向绿色消费主义。

绿色消费主义就是主张保护环境的一套生活信念，它不反对人们采用赚钱加消费的生活方式，但严格要求人们保护环境。现代历史上的绿色消费主义产生于三种力量的结合：一是环境主义的涌现，二是商业中环境责任的引进，三是对消费和社会精英生活方式之环境影响的关切。

绿色消费主义所要求的绿色消费就是亲环境的消费，就是表现为亲环境行为的消费。亲环境行为就是消费者怀着保护环境的目的而采用的环境友好行为。亲环境行为体现着消费者态度、认识、动机、价值观、信念和欲望的改变，而这些方面的改变反过来会引起消费者需求的改变。

有外国研究者说：今天，有知识的人们都知道各种产品、加工过程以及包装对环境的有害作用。极易获取的信息能引起行为的根本改变。消费者关心其健康和总体物质福利的固有意识能引起营销创新时代新相度的建构。消费者在环境导向中扮演着主角。他们的态度、认知和需求会直接或间接影响关于环境的决定。消费者对食品、包装、服装、出行、假日旅游、宾馆、电讯、账单提供方式、投资和房产的选择对正发生于全球的气候变化有不容置疑的影响。地球的演化和转动取决于绿色消费者的热情。

现代社会的大众消费之所以造成了严重的环境破坏，既与现代社会的人口远多于古代社会有关，更与现代人的人均生态足迹远大于古代人有关。另外，消费也不是孤立的，消费与生产是一体两面的，现代人的生产和消费都对环境造成了巨大压力。

日本学者以日本社会的变化为例，对比了日本快速发展时期与过去的能源消费情况。在 20 世纪 60 年代，日本每天人均能源消费接近 28000 千卡。之后日本经济快速发展，进入工业化国家行列。到了 1975 年，每日人均能源消费达到 92000 千卡；到了 2009 年，每日人均能源消费达到 114000 千卡；到了 2015 年，每日人均能源消费达到 127000 千卡（美国每日人均能源消费则为 240000 千卡）。人体维持生存所需的能量不过每天 2400 千卡（是新陈代谢率的 1.5 倍）。所以，日本人每天的人均消费能量超过这个数值的 50 倍。消费这么多能量干什么呢？以移动 10 公里为例，步行需要 308 千卡能量，骑自行车需要 118 千卡，驾驶燃烧汽油的车就需要 8670 千卡，约是步行所需能量的 30 倍。化石燃料的燃烧总是不充分的，大部分转化为热，释放进大气层。这种低效的能源在我们的生活方式中扮演着主角。我们在舒适和方便方面的持续微小收获对环境施加的影响按几何级数增长。

当代日本人的生活方式能代表工业文明的基本生活方式。如今，包括中国在内的快速工业化国家的人们的生活方式同样以大量消费矿物能源为特征。地球生物圈不支持几十亿人的这种生活方式。大量消费能源，也就是大量消费物质。绿色消费就要求人们在能源、物质消费方面减量，这要求消费者改变其态度、认识、动机、价值观、信念、欲望，简言之，改变其人生观、价值观和幸福观，由物质主义走向非物质主义。从文化（狭义的）的角度看，要求消费主义与物质主义脱钩。

现代消费主义文化不可能一成不变，消费主义可以与物质主义脱钩。

首先，物质主义绝不是由人类基因决定的人的自然倾向，而只是工业文明特有的文化。物质主义的错误不在其强调人的生存必须有一定数量的物质资料，而在其激励人们无止境地追求物质财富的增长和物质生活的舒适、便利。换言之，它的根本错误在于它误导了人类之追求无限的方向。人类必须扭转其追求无限的方向，由无限贪求物质价值转向无限追求非物质价值。

非物质价值并非不可以通过货币买卖。自古以来，人的许多非物质需要都是可以通过货币购买的，创造非物质价值的人也可以通过出售自己的作品而获得经济收益。例如，中国古代书画家，也卖书画，喜欢书画的人也买书画。如今，正蓬勃发展的文化产业正是典型的生产非物质价值的产业。

另外，也并非只有科学研究和自我表现才创造非物质价值，从经济学的角度看，像保健按摩这样的行业所"生产"的价值也属于非物质价值。消费者从这个行业购买的是身体的舒适感，而不是物质产品。这样的行业如果能够健康发展，也有助于保护环境和节能减排。如果越来越多消费者的消费偏好由买大排量汽车转变为享受保健按摩的舒适，那么就能有效地节能减排。

其实，绿色消费主义就是与物质主义脱钩的消费主义。亲环境的消费必然要求节能减排，只有摒弃了物质主义，才可能自觉地节能减排。

我们相信，在全球性生态危机和气候变化的威逼之下，在信息技术和人工智能技术的积极推动之下，世界经济会出现强劲的非物质化趋势，人类文化也会相应地出现非物质主义趋势。

信息技术的发展将为经济非物质化提供技术手段。例如，飞机设计要求画出大量图纸，从草图到最终图纸的确定，会耗费大量纸张。有了计算机辅助设计（CAD）系统之后，就大大减少了纸张耗费。美国在制造 B-29 轰炸机（美国最大、最复杂、飞行距离最长的轰炸机）时，在每一张图纸的最终版本出来之前，要扔掉 4000 来张草图。与之对比，CAD 使得大量的设计调整和修改变得很容易，适当的软件能根据任何一处修改变动而自动调整相关的一切从而改变整个设计。随着 CAD 的普及，CAD 用非物质的电子版取代了建筑、制造、网络设计等领域的一切设计图纸。发达国家在两代人之内就几乎普遍实现了设计的非物质化。

我们以前买一本美国出版的纸板书，必须让书漂洋过海地从美国来到中国，如今在网络上瞬间就可以读到电子版。如今我们参观一个博物馆通常还得到实地参观，将来我们可能在网络上就能参观，且和去实地参观的体验效果一样。

我们不能指望信息技术能自然地带来经济的非物质化。如加拿大学者斯米尔（Vaclav Smil）所说的，多亏有了 CAD，人们不用大量的纸张了，不用绘图台了，不用那么多椅子和橱柜了，也不用巨大的储藏间了。但是创造和保存非物质化的设计图必须有现代计算机、大数据存储、通信、专门的软件、宽大的屏幕、满屋子的服务器，必须有网络。为了制造飞机和手机，需要设计的国际化和洲际承包协作的彼此信赖，要求设计方案和技术参数的国际共享。不用说，这一切都会增加电力的耗费，增加基础设施建设。而电力是由燃烧矿物燃料而获得的。所以，目前完美的非物质化典范实际上不过是复杂的物质替换形式。

经济非物质化与文化的非物质主义变迁必然互相依赖。英格尔哈特（Ronald Inglehart）等人在 20 世纪 70 年代所做的一项关于文化变迁的调查发现，发达国家的文化已出现了由物质主义转向后物质主义（post-materialism）的趋势。物质主义价值观优先凸显经济和物质安全（economic and physical security），而后物质主义价值观优先凸显自我表现和生活质量（self-expression and the quality of life）。

他们对英国、法国、西德、意大利、比利时和荷兰这六个发达国家的社会调查，支持了两个假说：稀缺性假说和社会化假说。

稀缺性假说：虽然实质上每个人都想要自由和自主，但是人们的价值排序会反映他们所处的社会经济条件，从而把最迫切的需要置于最高主观价值的地位。物质生活资料和身体安全是生存的第一必需。所以，在稀缺条件下，人们会把物质主义目标（materialistic goals）置于价值排序的顶端，而在繁荣条件下人们会变得更重视后物质主义目标（postmaterialistic goals）。

社会化假说：物质稀缺与价值排序之间的关系不是立即同步变化的：两种变化之间会有个时间差，因为在很大程度上一个人的基本价值观是其成长期间（由少年到成年）的条件的反映。价值观的改变主要是通过人口的代际交替而发生的。每个社会的老一辈倾向于把他们的价值观传给下一代，这种文化遗传是难以消除的，但文化遗传会和人们亲历的经验相冲突，从而会被逐渐地侵蚀。

稀缺性假说类似于经济学中的边际效用递减定律。它反映了一个基本的区分：物质生存和安全与诸如尊重、自我表现、审美满足一类的非物质需要（nonmaterial needs）的区分。因为物质需要与生存攸关，所以当它的供应紧缺时，它就会被提高到优先于任何其他需求的地位，当然也会优先于后物质主义需要。反之，当物质需要能被确保满足，其被满足就会被当作当然的，这时，后物质主义目标就会被提到优先地位，人们会扩展其视野而看到更高的价值目标。

英格尔哈特和魏泽尔（Christian Welzel）在他们2005年出版的《现代化、文化变迁与民主》一书中写道：根据稀缺性假说，发达工业社会过去50年的经济史具有重要的意义。因为这些社会是主导性历史模式的突出例外：其大部分人口没有生活在饥饿和经济不安全的条件下。这便导致了这样一种渐变：归属感、尊重、理智和审美满足变得更加重要。我们可以预期，高度繁荣期的延长会促进后物质主义价值的扩展，而经济衰退期会出现相反的结果。最近（2005 年前后）的趋势，例如失业率的居高不下，股票市场的跌落，福利国家的收缩，会增加经济不安全性，如果这种情况持续足够长，人们会失去生存安全感。长期下去，物质主义价值就会回潮。

由英格尔哈特和魏泽尔所做的调查和分析，我们可得出如下重要结论：

工业化所带来的物质丰裕是超越物质主义的必要条件。

超越物质主义是可能的。

面对全球性的生态危机和气候变化，人类必须超越物质主义，普遍采用绿色生活方式，建设生态文明。

四、绿色生活方式与生活方式的多样性

人类进入农业文明以后，随着文化的发展，人的生活方式就必然是多种多样的。因为生活方式与信仰直接相关，而人们的信仰不可能整齐划一。历代专制统治者大约都想统一其臣民的思想，但没有任何思想家能提出一套让所有人都虔诚信仰的思想体系。中国汉武帝"罢黜百家，独尊儒术"，那只意味着朝廷以儒学为公开提倡的意识形态，绝不意味着所有臣民都虔信儒学。虔信老庄思想者的生活方式必然不同于虔信儒学者的生活方式。今天，基督教徒的生活方式与伊斯兰教徒、佛教徒、印度教徒、神道教徒等人的生活方式必然不同，信教者与不信教者的生活方式也必然不同。简言之，文化和亚文化的多样性决定了生活方式的多样性。

我们当然也不能否认所有人的生活有某些共同性，例如，所有人都必须吃饭才能活着。罗尔斯关于合理多元主义（reasonable pluralism）的论述对于我们理解现代人生活的共同性与不同信仰者生活之独特性具有

重要的启示。对应于现代性关于私人领域与公共领域的区分，罗尔斯在政治概念与综合信念（comprehensive doctrine，也译作"整全信念"）之间做了区分。政治概念是可以相对独立于各种宗教、哲学信仰而得以表述的。而关于人生价值，理想人格品性，理想友谊、亲情、社会关系，等等指导我们行为且界定我们整体生活的信念是综合信念。不同信仰者可以就政治概念（如：何谓政治正义？）达成重叠共识。但人们的综合信念必然是多种多样的，而且这种多样性是无法统一的。有许多不同的综合信念都是支持现代基本社会结构——民主法治——的，实际上也就是蕴含现代人道主义的，即支持保护人权的。这样的综合信念被罗尔斯称作合理的综合信念（reasonable comprehensive doctrines）。在《政治自由主义》一书中，罗尔斯多次强调，合理多元主义不是人类生活的不幸条件，而是在自由条件下人类自由运用其理性的结果。罗尔斯还明确地说：民主社会中合理综合性宗教、哲学和道德信念的多样性并非仅是将会消失的历史状况，而是民主公共文化的永久性特征。事实上，正因为综合信念的多样性是无法统一的，民主法治才是诸多政治建制中最不差劲的选项。因为无法用让所有人都能信服的方式证明，多种信仰中哪一种是唯一真的，其他的都是假的，所以，持不同信仰的人们应该在坚持各自信仰的同时而彼此宽容。持不同信仰的人们也不应因为各自生活方式的差异而互相歧视。民主法治正是支持宽容、反对歧视、力倡平等自由的政治制度。

我们说，建设生态文明，必须提倡绿色生活方式，这绝不意味着要统一人们的生活方式。绿色生活方式的基本要求是保护环境，节能减排。沿着罗尔斯的思路，我们可以把"保护环境，节能减排"的要求归入政治领域（抑或公共领域），换言之，"保护环境，节能减排"，是和"尊重人权"一样的公共道德原则。在公共道德原则中增加"保护环境，节能减排"这一条，确实是非同小可的事情，因为这一增添正凸显了生态文明与工业文明的根本区别。这意味着，人人不仅都有尊重他人人权的义务，还有保护环境、节能减排的义务。这一普遍义务的产生源自工业文明不可持续这一事实，人类普遍履行这项义务迫于走出全球性生态危机的切实需要。把保护环境、节能减排规定为公民的基本义务，不违民主法治精神，也丝毫不影响人们保持其生活方式的独特性。基督教徒、佛教徒、伊斯兰教徒、儒教信徒、唯物主义者等等，都可以按各自的信仰采取各自的生活方式。这便是"道并行而不相悖"。但唯当人类走向生态文明时，即人人都保护环境、节能减排、维护生态健康时，才会是"万物并育而不相害"。

采取绿色生活方式的实质是超越物质主义生活方式。物质主义是一种"综合信念"，但长期以来它披着科学的外衣直接影响了制度和公共政策的制定和修改，即潜入了公共领域，从而使物质主义生活方式——大量消费、大量排放——成了多数人的生活方式，即成了主流生活方式。正因为物质主义原本是一种"综合信念"，它又侵入了公共领域，于是它也侵蚀了各种宗教和哲学信仰。超越物质主义只要求人们明白一个简单的事实：人类的幸福生活（抑或有意义、有价值的生活）以拥有充足的物质生活资料为前提，但绝不依赖于物质财富的增长。中国古代的颜回，美国19世纪的大卫·梭罗，都以自己的生活方式体证过这一事实。当代美国人科斯特（Amy Korst）、鲁伯特（April Luebbert）等人践行的"零垃圾生活方式"（the zero-waste lifestyle）也证明了这个事实。科斯特在《零垃圾生活方式：废弃少　生活好》一书中十分详细地介绍了零垃圾生活方式，并概述了这种生活方式的两种好处：

其一，生活简朴而更加完整：我们每天都想有多一点时间。零垃圾生活有助于简化生活中的很多事情，从购物到保洁。你可以在购物方面少花时间，而多花时间陪伴家人和朋友。

其二，既可以少花钱又可以多享受花钱的幸福：你会明白过去买了许多你欲求的（wanted）东西，而不是你需要（need）的东西，你购买时会运用良知，既考虑自己的需要，也考虑环境影响，你会倾向于买较耐用的东西。

"零垃圾生活方式"还有其他方面的重要意义：支持地方企业，吃得更健康，为将来世代承担保护地球的义务，为美化自然环境而减少垃圾，少受有毒化学物品、人工色素和添加剂的危害，变得更为自足（self-sufficient）。

简言之，"零垃圾生活方式"完全可以是更加幸福、更加有意义的生活方式，也是最彻底的绿色生活方式。在工业文明的大局没有改变的条件下，践行"零垃圾生活方式"会十分艰难。但当循环经济、循环社会得以形成时，生产和消费过程中产生的"垃圾"大部分都可以再利用或循环利用，这样，"垃圾"就不是垃圾了。

超越物质主义的根本途径是看破物质主义的根源：和其他信仰一样，物质主义源自人对无限的追求，但物质主义是对人类无限追求（即价值追求）的危险的误导。人只能以追求非物质价值的方式追求无限，而不能以追求物质价值的方式追求无限。在工业文明中，人们最终追求的也是非物质价值，如得到他人的承认和羡慕，舒适感和满足感，快乐或幸福。也就是说，物质主义者追求的价值归根结底还是非物质价值。自农业文明问世以来，人类社会一直以物质财富的多寡精粗去标识不同等级的人们的贵贱。工业文明的民主法治只强调了基本人权的平等（这已是一大进步），而完全没有改变农业文明以物质财富之多寡精粗标识不同阶级、阶层人之身份的传统。农业文明的意识形态还抵制、贬低物质主义（这固然反映了统治阶级的虚伪），而工业文明的意识形态公开拥护物质主义。这就使多数人都以追求物质财富增长的方式去追求无限。我们可以说，物质主义价值导向已隐含在农业文明的财产制度之中，工业文明则使之公开化、合法化、合理化了。

在物质财富充分涌流的条件下，人类于工业文明晚期第一次有了让多数人都看破物质主义之错误的可能。只要多数人（如劳动者和被统治者）的生存仍不时地受到物质匮乏的威胁，对物质主义的批判就必然显得虚伪、可笑。工业文明首先使发达国家消除绝对贫困成为现实，目前又使中国这样的有 14 亿人口的大国消除了绝对贫困，并让人类看到了在全球消除绝对贫困的可能（尽管还需付出巨大努力且必须假以时日）。这就为批判物质主义提供了现实的条件。上一节提到的英格尔哈特等人的调查和研究能说明这一点，最近日本人大前研一关于"低欲望社会"的研究也能说明这一点。

大前研一判断：日本社会已成了一个低欲望的社会，许多人有大笔存款，却不愿提高消费水平，即不愿换更豪华的车，换更大的房子，等等；二十多岁、三十多岁的日本人，"不想有责任"，"不想承担责任"，"不想扩大自己的责任"。"为此，即使进了公司，也不想出人头地，将结婚视为重荷，将买房贷款视为一生被套牢——这些想法成了日本年轻人的主流想法。""如今日本年轻人当中，成为话题的流行新语就是'穷充'（poor 并充实）。他们认为没有必要为金钱和出人头地而辛苦工作，正是因为收入不高，才能过上心灵富足的生活。"这种"穷充"心态在欧洲富裕国家也出现过。

据大前研一分析，日本人的"穷充"与便利店的普及密切相关。大前研一说：

便利店创生出一天只要 500 日元就能解决温饱的社会。这也就是说，一天只需 500 日元一个硬币，在便利店买饭团、面包或便当，吃个一两餐便能生存下来。对自由职业者或尼特族来说，并不像上班族那样有规律的时间概念，也没有早中晚的节奏。肚子饿了，就在便利店买上便宜的便当充饥。有很多人都过着这样的生活。如此这般，就算手头宽松些，一天 1000 日元食费，也就足够——总之，现在的日本，借各地到处泛滥的便利店文化之光，不会再有饿死人的危险了（特殊事例除外）。

"穷充"本是值得肯定的人生态度，却引起了大前研一的深深担忧。大前研一认为，"如果整个国家都蔓延着'穷开心也不错'的气氛，那么这个国家最终会沉没"，社会将"因此失去活力"。"一旦对时尚、汽车、住宅等既无物欲也不想拥有的话，人类生产活动所需要的'驱动力'就会丧失殆尽。"

大前研一坚持自由主义的基本立场，反对国家扩张权力，力主保障企业自主权，反对提高遗产税，反对征收资本收入累进税，反对高社会福利制度。他显然希望物质主义的消费主义能一直都是日本乃至一切有活力的社会的主流生活方式，全然不知人类对无限（意义）的追求归根结底是对非物质价值的追求，也没有认识到物质主义生活方式与全球性生态危机的直接关联。

大前研一的《低欲望社会："丧失大志时代"的新国富论》译成汉语以后，在中国社会产生了较大影响，已有人开始担心中国的年轻一代会成为"低欲望"的人。2021年，"躺平"成为大家议论的热点话题。有人说，躺平虽然谈不上积极，但也绝对不是混吃等死，不求上进；而是安于现状，不再追求高薪工作，不结婚、不生小孩、不买房买车，试图过一种佛系的快乐生活。可见，中国年轻人的"躺平"也就是大前研一所说的"低欲望"。有人认为躺平是当代年轻人对社会的一种消极反抗。

但苏州大学的马中红教授对在网络时代出生、成长的一代的看法不同于那些为"低欲望"而担忧的人们。马教授说："现在的年轻一代或许已经或正在发生一系列变化。比如，他们不再把上班和工作视为同一件事，上班是一种选择，而工作也是一种选择；且他们也不把工作看作唯一重要，而更愿意将生活看得和工作同等重要，珍惜属于自己的时间，尊重自身的生活方式，不愿意仅仅为了挣钱牺牲个人爱好和兴趣，不满足只做流水线上的一个环节，如果尊严受到践踏，他们宁可辞职、跳槽、宅家，他们无法理解为什么一定要牺牲个人尊严做自己不情愿做的事情。"这正表明，年轻一代在温饱无忧的条件下，有了较强的自主意识，超越了物质主义。

其实，坚持物质主义生活方式不是保持社会活力的必要条件。保持社会活力的必要条件包括：（1）人与人之间有适度的竞争张力（民主法治、市场经济和基本福利制度条件下的竞争是适度的竞争）；（2）社会面临各种挑战，甚至面临一些风险和危机。有这两个必要条件，自然有人努力创新、迎接挑战、应对风险和危机，社会自然有活力。

从历史上看，人类自进入农业文明以后，人与人之间的竞争乃至斗争就无法消除，人类社会面临的各种挑战、风险和危机也绵延不断。任何时期都有人"躺平"，都有人是低欲望的，农业文明的芸芸众生大多是低欲望的，因为他们不得不保持低欲望。唯当物质消费攀比成为主流生活方式且经济增长依赖于众多人的物质消费攀比时，众多人"躺平"和"低欲望"才令人担忧。换言之，今天只有那些资本拥有者（非仅指资本家，也包括普通股民）才最容易为众多人的"躺平"和"低欲望"而担忧。

大前研一等人所说的"低欲望"显然主要指物质消费方面的低欲望，而非指人们对任何事情都是低欲望。马中红说：年轻一代学习和工作的目标性并不那么功利，上一代曾经孜孜以求的"成功人生"不再成为驱使他们努力的唯一动力，因而表现得比较"淡定"。"淡定"，不是因为害怕失败而放弃追求，放弃竞争，而是更愿意按自己的意愿，减少内耗去学习、工作和生活。事实上，兴趣和意义替代了上一代的"成功""成名"，正逐渐成为年轻一代努力的新动能，与无趣的工作相比，他们更愿意付出时间成本、情感成本和金钱成本去做自己喜欢的事情。譬如，熬夜为偶像打榜、参与社会公益活动等。这些似乎表明，新一代人的生活方式会更加多样化。"兴趣"和"意义"是更加本真的人生目标，前辈们追求"成功""成名"，也就因为他们对"成功""成名"有持续不衰的兴趣，且把追求"成功""成名"当作人生意义。生活方式多样化必然会促进文化（狭义）的多样化繁荣，文化繁荣的社会不会是失去活力的社会。

从维护生态健康和谋求人类和平的角度看，"低欲望"非但不是坏事，而恰恰是好事，因为无止境地追求物质财富增长的、"高欲望"的、物质主义生活方式恰恰是全球性生态危机和战争的根源。物质主义生活方式与生态危机的关联是显而易见的。那么，它与战争有何关联？从古至今，武器、装备、军需都是打赢战争的必要条件，正因为如此，统治者都必然要集聚并控制物质财富。进入工业文明以后，强大、先进的军事力量必须有先进制造业的支持。"二战"之后冷战的结果表明：用核武器和航空母舰等装备起来的"庞大军事机器"还必须得到高效率的经济体系的支持。这种高效率的经济体系必须是物质经济体系，而不可能是非物质经济体系。所以，并非那些便利店即可满足其物质需要的人们需要不断增长的物质经济，是在世界上争霸的政治精英、军事精英、军需品供应商们需要不断增长的物质经济。只有物质经济才能支持征服性技术，只有征服性技术不断进步才能支持野心家们在世界上争霸。

"低欲望社会"的出现，人们对"佛系生活方式"的认同，都表明人对无限或意义的追求完全可以从对物质财富增长的追求转向对非物质价值的追求。"低欲望社会"完全可以是一个富有活力的社会，只是其活力不是由争霸的欲望激发的，也不是由物质欲望激发的，而可以是由应对全球性生态危机的使命感激发的，当然也可以是由赚钱的欲望激发的，但随着货币和经济的日益非物质化，随着生态文明观念的深入人心，人们积极赚钱不是为了满足不断膨胀的物质欲望，而是直接出于"兴趣"，或出于对人生意义的追求（参见马中红）。人与人之间可能难以避免互相攀比，但在生态文明中，人们将不再攀比物质消费，却攀比非物质消费。

采用绿色生活方式，保护环境，节能减排，恰恰需要保持大前研一等人所反对的"低欲望"。绿色生活方式将会是生态文明的公共道德和法律所要求的生活方式。采取绿色生活方式，正是全人类应对全球性环境污染、生态破坏、气候变化等危机的必然要求，是生态文明建设的必然要求。生态文明建设是人类文明的全面创新，这种全面创新必然激发根本不同于工业文明的社会活力，例如，不再是工业文明的那种人类征服自然的社会活力。建设生态文明也必然要求世界各国更坚定地谋求人类和平，因为人类的战争与"征服自然的战争"是休戚相关的。（注：本文编辑部略有删节）

卢风：男，1956 年出生于安徽。现任清华大学生态文明研究中心研究员，兼任中国自然辩证法研究会常务理事、国际学术期刊《环境伦理学》（英文）编委等职。退休前任清华大学哲学系教授、博导，曾任系主任。主要研究生态哲学和生态文明理论。

梅文化的生态意蕴

林 震

林震

　　梅，又称中国梅，是一种原产中国南方的植物，在黄河流域以南有广泛的分布。梅作为食用和观赏的对象进入人们的日常生活和文化生活已有数千年的历史。梅由于其独特的生长季节和生态属性，逐步被赋予傲雪凌霜、独步早春、凛然脱俗等文化意涵，尤其受到中国历代文人的青睐，位列梅兰竹菊四君子之首，也是岁寒三友松竹梅之一。梅文化已经成为一种具有鲜明中国特色的植物文化。有人会说，那梅文化自然就是生态文化的一个组成部分。如果是从广义的角度理解生态文化，即有关生态的文化，这么说并没有错。但如果我们理解的生态文化是阐释和促进人与自然和谐共生的文化，那就有点偏颇。毕竟不是所有对梅的吟咏和描绘都是突出反映人与自然的关系，有些梅的文艺作品反映的是人的心态或是社会的生态，有些描述梅的形态、培育、利用等方面的作品可能只是单纯的文化现象。因此可以说，梅文化的内涵是丰富多彩的，其中哪些属于我们今天所探讨的狭义的生态文化范畴，需要去仔细甄别其中的生态意蕴。

一、梅之属：果梅与花梅

　　我们赋予自然界的事物以文化属性是从认知开始的。首先我们来看一下古人对果梅与花梅的认识及其对文化的影响。我国是一个美食的国度。说到梅，大家容易想到吃的梅子，嘴里就有口水了。成语望梅止渴，讲的就是曹操利用梅子让人唾液生津的作用来达到稳定军心、最后获取胜利的故事。梅的栽培历史，有据可考的就有 3000 年以上的历史，一般分为两个阶段：西汉以前以果梅栽培为主，主要是食用它的果实；之后进入文艺欣赏为主的阶段，更多培养的是花梅。

人们食用梅子，不只是作为一种水果，而且因为其浓郁的酸味，人们学会把梅干作为一种调味品。《尚书·说命》记载有商王武丁与其大臣傅说的对话。武丁称赞傅说，"若作和羹，尔惟盐梅"。意思是如果把治理国家比作煮一碗粥，那么你就是盐和梅，也就是说你是一个重要的调味品，离了你就没有味道，国家就不行了。所以后人就用这个盐梅与和羹来比喻人才难得。对于一些文人士子来说，他要想通过科举考试获得一个高位，就叫作盐梅和羹。这就把梅从日常生活上升为文化精神了。

梅进入诗歌，目前发现最早的是《诗经·国风·召南》中的一首，叫作"摽有梅"。描写的既有少女野外采梅的过程，更是反映少女怀春、期待被追求的迫切心情。所以，梅又通媒人的"媒"。《诗经·小雅·四月》篇还有一句叫作"山有嘉卉，侯栗侯梅"。意思是山上长着好花木，有栗子树，有梅花树。作者据认为是一个遭遇不公的精英，自比作栗树和梅花，应该是象征栗树的高大和梅花的不屈。可见梅花凌霜斗寒的文化意蕴在当时已为古人所熟知。

对梅花的观赏，按照目前可考的文字，大致始于西汉。西汉末年经学家刘歆写过一本书叫作《西京杂记》。这里头就记载了汉朝著名的皇家园林上林苑落成时，四面八方送来了很多名果异树。其中梅就有七种，包括朱梅、紫叶梅、紫华梅、同心梅、丽枝梅、燕梅、猴梅。就说明那时候梅的品种很多，当然梅也是有的是食用的，有的更多还是一种欣赏，比如说不同的叶子不同的花样，这样的一个比较早的记载。在同时代的辞赋家扬雄所写的《蜀都赋》里也描述了成都的街头"被以樱梅，树以木兰"，可见梅花在那时已经成为行道树了。魏晋南北朝时期的陶渊明不光喜欢菊花，也喜欢兰花和梅花。他写的一首诗叫作《蜡日》，里头有一句"梅柳夹门直，一条有佳花"。蜡日指的是按照周朝的礼制，年底农历12月的时候要祭祀万物。因此这里的一条有佳花指的就是冬日绽开的梅花。这也符合陶渊明的高洁孤傲的隐士风格。

到了宋朝的时候，人们不仅喜欢欣赏梅花，而且进行了大量的研究。《宋史·艺文志》当中就收录了宋朝初年上千首的梅花诗。南宋的黄大舆编了十卷本的《梅苑》，收集了唐宋年间的咏梅词400多首，是现存最早的专题咏物词选。后来还有一个人叫陈咏，即陈景沂，写了一本《全芳备祖》。这本书被看作是世界上最早的一本植物学的百科全书。这里头记录有梅花的性质、分布、栽培历史以及相应的诗词歌赋等。宋朝还有一个范成大，写了《梅谱》一书，被认为是世界上第一个专门研究梅花的专著。可见宋朝的时候我国梅花的文学创作和专业研究已经达到了一个相当的高度。

二、梅之韵：咏梅与画梅

我们精选一些历代的咏梅诗词歌赋，来领略一下梅花的文学韵味。在《诗经·摽有梅》里头，梅被寄予了爱情的象征。后来梅也被用来表达一种友情。比较有名的是南北朝时期晋朝陆凯写的《赠范蔚宗》。范蔚宗就是范晔，主编《后汉书》的著名文学家。他们俩是好朋友。据说范晔是在长安做官，陆凯住在江南，春天到了，开始思念好友，给他送点啥呢，干脆让快递给他送一支梅花吧。所谓"折梅逢驿使，寄与陇头人。江南无所有，聊赠一枝春"。古人折柳送别，折梅则是送春，寄托相思。在唐朝的大诗人王维那里，梅花又变成一种思乡的情感。他说，"君自故乡来，应知故乡事。来日倚窗前，寒梅著花未"。作为著名的田园诗人，他用询问故居窗前的梅花是否开放来表达对家乡和亲人的眷恋和牵挂。所以梅花可以表达爱情、友情和思乡之情。

梅花引发的思乡之情在曾经辅佐唐武宗开创会昌中兴的名相李德裕看来则另有一番滋味。唐宣宗继位后，李德裕因位高权重遭忌被贬谪潮州，他从洛阳沿水路途经广东梅溪（当时称恶溪）时曾作《恶溪诗》一首："风雨瘴昏蛮海日，烟波魂断恶溪时。岭头无限伤心泪，泣向寒梅近北枝。"这里梅的生境让他感同身受，委屈、心寒、思乡百感交集。无独有偶，晚唐著名诗人李商隐属于李德裕一党，称他为"成万古之良相，为一代之高士"。因受牛李党争影响，他也颠沛流离，郁郁寡欢。在四川梓州时期，他写下《忆梅》一诗："定定住天涯，依依向物华。寒梅最堪恨，常作去年花。"表达了诗人怀才不遇的愤懑和怀念古人的无奈之情。同样是写寒梅，但生活在开元盛世年间的诗人张谓，心情则大为不同。他写过一首《早梅》："一束寒梅白玉条，迥临村路傍溪桥。不知近水花先发，疑是经冬雪未销。"寥寥数语，看似直白的描述，实际上反映的是一个在寒冬当中迎风开放的梅花，寓意着春天即将到来。

说到对梅花的喜爱，很难超过一个人，就是宋朝的林逋。人们可能更熟悉他的外号，叫作和靖先生。他喜欢隐居，一辈子没有结婚也没有孩子，就喜欢喜欢养梅花，还喜欢养仙鹤。"梅妻鹤子"，说的就是他，把梅花看作妻子，把仙鹤看作儿子，终日相依为命。林逋对梅花的描写堪称千古绝唱，就来自于《山园小梅》当中的第二句。"疏影横斜水清浅，暗香浮动月黄昏。"这里实际上体现了对梅花欣赏视角的一个很重要的转变。以前是看果、看花，而在林和靖看来，连它的枝条、影子，都具有一种朦胧美。所以这样的一个欣赏，从花的欣赏，到枝的欣赏，甚至到影子的欣赏。这又大大的拓展和前进了一步，对后世影响深远。

宋朝人确实对梅花太喜欢了，留下了大量的优美诗篇。大文豪苏东坡跟他的同僚兼诗友杨公济唱和的梅花诗就有 20 首之多。南宋诗人杜耒有一首诗叫《寒夜》："寒夜客来茶当酒，竹炉汤沸火初红。寻常一样窗前月，才有梅花便不同。"后两句看似寻常，却清新典雅。曹操跟刘备是青梅煮酒论英雄，杜耒和朋友是在冬日月夜品茶赏梅，别有一番意境。

再有著名词人李清照，从女性的视角表达了对梅花的喜欢。她有一首词叫作《渔家傲·雪里已知春信至》。上阕是"雪里已知春信至。寒梅点缀琼枝腻。香脸半开娇旖旎，当庭际，玉人浴出新妆洗"。她把雪中梅花的纯洁和婀娜多姿的状态描绘得淋漓尽致。"造化可能偏有意。故教明月玲珑地。共赏金尊沈绿蚁，莫辞醉，此花不与群花比。"李清照是一个豪放派的词人，她跟独善其身的林逋不一样，她喜欢热闹，却不流俗，她不像兰花那样孤芳自赏，却希望保持梅花那样纯洁清高的意境和与众不同的精神。

除了吟诗诵词以外，梅文化还有一个重要的表现方式就是绘画。画梅现在有据可查的，最早的是汉代的梅花纹壶，这实际上是在清朝人的一个记录里说的。史书上记载的比较明确的是在魏晋南北朝的时候，有两个著名的故事。一个是东晋的大臣谢安，他是当时的名门望族。谢安要给自己修太极殿，一时半会儿没有找到一个合适的大梁。后来有人说门前河面上漂来了一颗梅树，他就想起《尚书》里头的盐梅和羹的故事。他说梅树是吉祥物，表示我也是当朝的宰相，是栋梁之材，那太好了，所以就把梅树捞上来，就作为太极殿的大梁，同时还把梅花画在梁上，所以太极殿也叫作梅梁殿。还有另外一个记载，南朝的宋武帝有个女儿叫寿阳公主。寿阳公主平时喜欢在大殿上晒太阳。晒太阳可能有时候就在树底下，有树荫，同时也凉快。有一次她晒太阳时睡着了，几片梅花瓣刚好掉在她的额头上。大家一看还挺漂亮，干脆就帮她把梅花画在额前，民间也开始效仿，叫作梅花妆，引领一时的审美潮流。

目前能够找到的存世最早的梅花绘画作品是中晚唐著名画家边鸾创作的《梅花鹳鸰图》。他擅长画花鸟草木，被美术史家尊称为"花鸟画之祖"。到了北宋时期，流行的不是工笔画了，更多的是水墨画，包括用墨水画竹子，画兰花，也可以用来画梅花。那大家说梅花不是白的吗，墨水怎么画呢？实际上，那时候宋朝的文人们就像林逋一样，不一定是欣赏它的花，而是可以欣赏它的意，可以欣赏它的枝，欣赏它的影子。当时有个著名的和尚，是华官寺或者叫花冠寺的长老叫作仲仁和尚。他特别喜欢梅花，而且还喜欢在雪地里，尤其是在月光下欣赏，当然有时候月光比较暗那就看着梅花实际是梅树的影子。他欣赏的是那种意境。他就用毛笔蘸着墨来画梅花，由此开创了墨梅画的先河。

后来到了南宋的时候，一个叫作杨无咎的画家，他留下了经典的《四梅图》。四幅图从左到右表示梅花从含苞待放到初开再到花盛开最后到花凋落四个不同的阶段。但是他用的是一种飞白的方式，来反映梅花的韵味。再一个著名画家就是赵孟坚，他是宋太祖赵匡胤的后代，除了画兰花也喜欢画梅花，尤其是他把岁寒三友松竹梅画到一起。这幅画现在还流传在世，叫作《岁寒三友图》。可以说，两宋时期人们对梅花有特殊的偏爱，其文学和绘画的成就也达到了一个高峰。

元朝统治不足百年，文化上宋朝的影响得以延续。元末的王冕在咏梅、画梅方面都登峰造极。王冕出身贫寒农家，自学成才，屡试不第后游走山水，最后退隐会稽九里山，种梅千枝，筑茅庐三间，题为"梅花屋"，自号梅花屋主。他擅长画梅。这幅《墨梅图》，用的却是飞白的手法，用白色反映梅花。他也留下了很多梅花诗，包括题在画上的诗。这里录他的两首，一个是《白梅》一个是《墨梅》。那么他怎么来写《白梅》呢？"冰雪林中著此身，不同桃李混芳尘。忽然一夜清香发，散作乾坤万里春。"王冕是一个很有民族气节的人物，据说他在游历塞北回到大都后，曾画了一幅梅花贴在墙上，并题诗说："冰花个个团如玉，羌笛吹它不下来。"表达了不与元朝统治者为伍的决心。大家耳熟能详的一首诗叫作《墨梅》。"我家洗砚池边树，朵朵花开淡墨痕。不要人夸好颜色，只留清气满乾坤。"后一句，现在常被用于廉政文化建设，要求各级官员为官要清廉，要向梅花一样，风清气正。

三、梅之格：凌寒与报春

人有人格，花有花格。梅的花格叫作梅格，即梅花的品格。梅格这个概念来自于苏东坡的《红梅》组诗。苏东坡才华横溢却一生坎坷，多次被贬官，这也促成他有机会踏遍祖国各地，留下了很多著名的诗篇。这几首红梅诗是在他被贬到黄州时写的。他看到了当时另一个大文豪石延年的红梅诗，其中有一句是"认桃无绿叶，辩杏有青枝"。他读了之后很有感慨，写了三首诗，其中的一首是"怕愁贪睡独开迟，自恐冰容不入时。故作小红桃杏色，尚余孤瘦雪霜姿。寒心未肯随春态，酒晕无端上玉肌。诗老不知梅格在，更看绿叶与青枝。"石延年的诗更多是讲怎么来识别梅花，梅花跟桃树比起来没有绿叶相衬，跟杏比起来却有更多的青枝。但苏东坡认为石延年的诗还是太浅显了一点，只是从表面的物理的角度来看梅花，但是他自己看重的却是梅花的品格。这实际上是由他当时的处境和心境决定的，把梅花拟人化了。不过跟李商隐比起来，苏东坡是乐观的。"尚余孤瘦雪霜姿"，有些自嘲，却也引领了对梅花瘦小、弯曲枝条的审美风潮。后来他还把这首诗改成词，用定风波的曲牌名，真是多才多艺。

对于梅花的品格，大家最为熟悉的可能是这一句，"不经一番寒彻骨，怎得梅花扑鼻香"。原诗是唐朝的著名禅宗和尚黄檗禅师写的一首偈《上堂开示颂》："尘劳迥脱事非常，紧把绳头做一场。不经一番寒彻骨，怎得梅花扑鼻香。"没想到一个和尚的感悟，却成为影响后世的经典。

另外一个唐朝的诗人叫作韩偓，也有一首经典的《梅花》诗。韩偓大家可能不是太熟悉，但是他的姨父大家都知道，就是李商隐。这首诗是在唐亡之时，他谪居南方不愿复出与弑君者合流时写的。"梅花不肯傍春光，自向深冬著艳阳。龙笛远吹胡地月，燕钗初试汉宫妆。风虽强暴翻添思，雪欲侵凌更助香。应笑暂时桃李树，盗天和气作年芳。"这其中比较有名的是这句"风虽强暴翻添思，雪欲侵凌更助香"。梅花开放的时候虽然刮着凛冽的寒风，但是反过来更增加了梅花的情思。尽管大雪覆盖，要欺负它，但是反过来却更加帮助人感受到香气挡也挡不住，压也压不住。古人借景抒情，咏物言志，由此可见一斑。

还有一首就是大家从小学就会背诵的王安石的《梅花》。"墙角数枝梅，凌寒独自开。遥知不是雪，为有暗香来。"这首诗有人认为是王安石去拜访高人，结果高人不在家，就看见他们家的梅花在墙角，就有自己的感慨。也有人说因为他当时的改革遇到了阻力，他通过这首诗来表明自己改革的决心，也反映了感到自己改革不为人所理解的那样一种孤独，但却透着一股一心为国为民的正能量。

同样忧国忧民的还有陆游。他的《卜算子·咏梅》脍炙人口。"驿外断桥边，寂寞开无主。已是黄昏独自愁，更著风和雨。无意苦争春，一任群芳妒。凌落成泥碾作尘，只有香如故。"陆游是一个颠沛流离的爱国诗人。虽然乱世，但是他还有对国家统一，民族复兴的期盼，所以尽管凌落成泥碾作尘，但是它的香味依然如故，表现了他的信心和决心。用梅花更体现了他的精神。

我们再看一个宋朝人叫作卢梅坡。他写了《雪梅二首》。其中第一首叫作，"梅雪争春未肯降，骚人阁笔费评章。梅须逊雪三分白，雪却输梅一段香"。这也是一个千古绝唱。梅花和雪，大家都争，看看谁更白，谁更加纯洁，但是也许梅花比不过雪那么白，但是雪却没有梅花的那种香。第二首叫作，"有梅无雪不精神，有雪无诗俗了人。日暮诗成天又雪，与梅并作十分春"。光对雪进行吟诗作对可能还是少了点什么，要有梅花才更有这种精神。因为梅花带来的是春天的召唤。

清代的郑板桥大家也很熟悉。他把牡丹和梅花画到一起了，还题了一首诗。他说，"牡丹花下一枝梅，富贵穷酸共一堆"。牡丹是国色天香代表富贵，梅花是那些甘于清贫的人的象征。但是他又说，"莫道牡丹真富贵，不如梅占百花魁"。但是真正能战百花之手，那其实是梅花，而不像牡丹只是雍容华贵，梅花更多的是中国文人世子所喜欢的品格和精神。

梅花的这个品格和精神也为近代的仁人志士所喜爱。举两个晚清革命烈士的例子。一个是著名的鉴湖女侠秋瑾，她至少写了十首的咏梅诗。其中一首是，"一度相逢一度思，最多情处最情痴。孤山林下三千树，耐得寒霜是此枝"。作为女性，她看到梅花也会引发止不住的相思柔情；但作为革命者，在她眼中最闪亮的则是梅花凌寒不屈的精神。还有一个烈士是同盟会的干将叫宁调元，他牺牲的时候也只有 30 岁。他留下一首《早梅》："姹紫嫣红耻效颦，独从末路见精神。西山深处苍崖下，数点开来不借春。"这也是表现一种自强不息、战天斗地的精神。

当然，我们认为最为经典还是我们毛泽东主席的词，用的是陆游的《卜算子·咏梅》这个词牌，却写出了新意："风雨送春归，飞雪迎春到。已是悬崖百丈冰，犹有花枝俏。俏也不争春，只把春来报。待到山花烂漫时，她在丛中笑。"这生动反映了当时共产党人的一种革命浪漫主义和乐观主义的精神。

四、梅之思：生态与文化

梅文化内涵丰富，形式多样，有物质文化、行为文化，也有制度文化，更有精神文化。本文侧重从文学艺术的角度对梅文化做了粗浅的梳理。今天我们讨论生态文化的话题，这个概念是现代的，甚至可以说是后现代化的。因此我们无须苛责古人也要有跟我们一样的认识。从文化的定义来说，只要是人类加工、创作的都可以称之为文化，以区别于自然。在今天，我们录制一段原汁原味的大自然景观，也是一种文化创作。人是大自然的产物，人的生存离不开大自然，人与自然的关系贯穿人的生命始终。从这个意义上说，我们对大自然的认知、利用、情感等似乎都可以算是广义的生态文化。通常我们把花文化当作生态文化，把植物文化当作生态文化，把园林文化当作生态文化。然而，生态文化毕竟不是文化的全部，我们今天崇尚的生态文化是生态文明的核心价值所在，是在对现代工业文明进行反思基础上提出的以生态价值为准则，追求人与自然和谐共生的文化。这是一种敬畏自然、尊重自然、顺应自然、保护自然的价值取向。我们可以充分利用古人留下的丰富多彩的文化遗产来讲好今天的生态文明故事，梳理和阐发其中的生态意蕴，以促进和繁荣今天的生态文化。我今天只是提出问题，也还没能很好地完成这个命题。期待着有更多的人来关注梅文化，创作出更多反映生态文明价值理念的经典作品。

林震：1972年6月生，福建福清人，法学博士，毕业于北京大学政府管理学院。现任北京林业大学生态文明研究院院长。兼任中国生态文明研究与促进会理事、中国生态文化协会理事、北京生态文化协会副会长等职。

生态与文学

杨海蒂

杨海蒂

根据生态文学研究专家的定义，"生态文学是一种反映生态环境与人类社会发展的关系的文学"。

自然孕育了所有生命和物种，人类来源于大自然，所以自然是人类文明的根基，中国古代两大神话"昆仑神话"和"蓬莱神话"都来自于大自然，老子曰"人法地，地法天，天法道，道法自然"，孔子则因不用排网捕鱼、不射归巢之鸟而成为生态保护楷模……我们的祖先早就有了丰富的生态哲学和生态伦理思想，而且不同程度地落实到制度、风俗、行动上，在生态保护方面为人类做出过巨大的贡献。中国古人讲求顺应自然，强调天人合一；古代文人的精神家园是山水，他们大多纵身、纵情于天地之间，将美好的品质赋予自然，在大自然中超脱现实圆融身心，并将热爱自然保护生态的理念和作为反映到文学领域，形成蔚为可观的中国古代生态文化。

中国文化历来探究人与自然的关系，欧美也早已兴起了写自然生态的热潮。林语堂说"中国艺术的冲动，发源于山水；西洋艺术的冲动，发源于女人"，其实也不尽然。爱默生的《论自然》、利奥波德的《沙乡年鉴》、卡逊的《寂静的春天》、缪尔的《夏日走过山间》和《我们的国家公园》、梭罗的《瓦尔登湖》、西顿的《我所知道的野生动物》、吉卜林的《丛林故事》、米什莱的《鸟》、泰松的《在西伯利亚森林中》等等，成为生态文学的经典之作，风靡全球并且至今畅销，被全世界生态文学写作者奉为圭臬。

一般而言，任何人都会热爱自己的祖国。对于我们普通老百姓来说，爱国，首先爱的是祖国的大好山河，其次是文化中国美学中国……

在社会发展的进程中，在征服世界的征途中，人类渐渐地失去了自己的灵魂。尤其现代社会，红尘滚滚人心浮躁，我们若想与喧嚣都市抗衡，也许最佳选择就是投入自然中去，享受星辰、山河、森林、海洋，让生命从美好的自然环境中获得身心滋养，而我们从中所领受到的身心感悟，一旦化为文字，就成了生态文学作品。

当今中国文学领域，生态文学创作方兴未艾。党的十八大提出生态文明和"美丽中国"，一个多月前国家公布首批五个国家公园，使生态文学更加热气腾腾。

文学即人学，高尔基这个观点深刻影响了中国现当代文学。生态文学写作者却并不以"人"为主要描述对象，也不以书写战争、爱情、死亡这些"文学的永恒主题"为使命，而是专注于探索人与自然、人与环境的关系，写自然生态对人类生活的影响、对人类心灵的启迪、对人类未来的启示；作者即便将自己置身于作品中，也是为了表达自身与自然生态的关系，诚如美国学者墨迪所言，"直到人类真正认识到他依赖自然界，并把自己作为自然界的组成部分时，人才把自己真正放到了首位，这是人类生态学最伟大的悖论"。

在大自然面前，人类太渺小。

人要与自然和谐共处，就要善待我们赖以生存的土地。无论在哪个民族的心目中，土地都至尊至荣。"土能生万物，地可载山川"，人类的一切，都由土地养育和承载。梁启超说，"夫国家者何物也？有土地，有人民……"在古代中国，土地就代表社稷，皇城里必建有社稷坛，用五色土拼成，皇帝每年都要祭坛拜土。从世界范围来说，只有维护好所有的土地山河，才能保持全人类的健康。

河山信美，但要以文学手法来表现好她，无论散文、诗歌、小说，都需要真诚深切的心灵，要具有大情怀。"非有大情怀，即无大艺术"，写作者必须具有宏大视野和人文关怀，才有可能让作品不止于描写而能上升到感情以至哲理层面……人应该有所敬畏，首先要敬畏大自然。以前，山青水绿海晏河清，正是大自然对敬畏天地的人类的回报，后来人们乱砍滥伐破坏生态，自然灾害到处频发，也正是大自然对胡作非为的人类的惩罚。

生态文学有自己的使命与担当，我甚至认为，"为天地立心，为生民立命，为往圣继绝学，为万世开太平"最是生态文学的价值旨归。当今，影视的全民普及、摄影的空前发达、网络的如火如荼，导致文学空间被大为挤压，时代的变迁、题材的限制、环境的恶化，都是生态文学写作的瓶颈。面对如此困境，我们必须探索新的出路，力图更多更大的创新突破。

文章合为时而著，我有幸成为"中国国家公园丛书"作者，以我撰写《这方热土：海南热带雨林》为例，我曾在海南工作生活过，踏足过岛上的山山水水，与黎族同胞亲如姐妹，所以，我笔下倾注着对那片热土的深情厚谊。我想，对于生态文学作者来说，从自然中得到的心灵享受，一定远比物质享受更为愉悦幸福：我们的亲身体验，能唤起人们更加热爱壮丽山河；我们的美好感受，能激励人们更加追求精神境界；我们的妙笔生花，能吸引人们更多地热爱生态文学。

大自然的千姿百态，人类对自然生态的保护意识，成就着我们的生态文学——乡村、田园，草原、丛林，江河、海洋，旷野、荒原……作者足迹所至，乃有笔墨所随。要写出既优美又有深度、既有趣又有高度的生态文学作品，首先要做的就是走出去，把自己融入无限的大自然中，英国诗人布莱克说过，"伟大作品的产生，有赖于人与山水的结合，整天混迹于繁闹的都市，终究一事无成"。

文章，人心之山水；山水，天地之文章。"山水无文难成景，风光着墨方有情"，一语道尽生态与文学的关系。

杨海蒂：文学编审，兼任三毛散文奖、丁玲文学奖、方志敏文学奖、"大鹏杯"全国生态文学奖、"观音山杯·美丽中国"海内外征文、《羊城晚报》"花地排行榜"等评委；著有文学和影视作品多部；作品入选数百种选本、选刊、年鉴、排行榜、教材教辅读本，并被应用于高考和中考试题；部分作品译介国外；获丰子恺散文奖、丝路散文奖、北京文学奖、全国报告文学优秀作品征文一等奖、中国·大河双年度诗歌奖等。

生态散文容量扩充策略漫谈

杨文丰

杨文丰

世界生态文学经典很多都是散文，或者说主要是散文，这是由散文文体的特质所决定的。散文比任何一种文学形式与读者之心的距离更近，散文可以更充分地包容和表现自然的属性和美、描述人与自然的关系，长于感悟抒情和解释式描述，能叙能议，易启智启美。我一直认为散文是具有无限审美可能性的文学类型。

每一篇生态散文都有必要最大限度地扩充容量，就像是给气球充气，以不爆破为前提下达最大的容积。

如何扩充容量？现结合我从事生态散文写作的经验和探索，谈些管见。

一、在写作中引入科学视角

生态散文写作中引入的科学视角，包括科学知识、科学规律和科学思维。我视写作中引入的科学视角，是认识物事的望远镜、透视镜、显微镜和解剖刀；引入科学视角，是为了更精准地写出物事的真度、新度、深度和广度（"四度"），更好地展现自然美、客观规律美和揭示哲理美，更利于感悟和解剖社会、人生。

科学视角也是作家忧患的推进器、神思的平台、思想的新发地，文化批判的起跑线和爱的加油站。

引入科学视角可使散文蕴含更多维，更丰厚的美学效应，并非只是出于美学的考虑，在当今这个科学时代，这也是作家尊重读者的修行，诚然，也可以是作家风格建构的一个举措。

生活、思想和科学视角，我视之为驱动生态散文金马车的金轮子。

生态文学创作涉及的层面有五个：一是生态学层面，二是文学创作的一般规律层面，三是自然哲学层面，四是自然美学层面，五是社会政治学层面——引入科学视角亦是让生态散文能更好地扩充至文化层面的需要。生态散文写作不深入文化层面，是行之不远的。

体验、体悟科学知识其实也属作家体验生活的形式之一。未经过作家有效体验和体悟的科学知识，所蕴含的哲理、情感和诗，将难于被发现和挖掘，科学性与作品将成两张皮。

写作实践告诉我：科学元素一旦被思考得达到火候，融注入科学元素的作家情感也会发酵得较成熟，基于科学元素的情感与思想将互动而激荡，想象与联想会纷至沓来，这表明，科学性和文学性已深度融合。

假如不引入科学视角，生态散文对许多题材的写作将难以深入。如果不引入气象科学对雾霾的特点、本质深入地解读、剖析，我在《雾霾批判书》（《北京文学》2013 年第 7 期）中对雾霾想展开批判、提出"雾霾恐惧场""空气伦理"及"精神雾霾"等，是断断不可能的。

其实，科学也并非只有自然科学，还含社会科学。《庄子》，不就是伟大的社会科学散文吗？

一个时代有一个时代的文学。在生态散文写作中引入科学视角，是适应时代的需要。倘若科学时代的文学还回避或不注重包含科学元素，至少在反映生活的深广度上是有所局限的。

二、深入"三态"追求"生态大散文"

这些年，我越来越感觉人与自然的关系问题非常复杂，仅以一般的"人与自然"的关系审视写作问题，易陷入一些认识盲区，写作难以深化，著名文化学者肖云儒先生关于自然生态、社会生态和精神生态的"三态论"（肖云儒：《中国古代的绿色文明》），已然提供新的视角，极有启示意义。

自然生态在"三态"中最具独立性，人类社会未出现之前，自然生态就已存在——自然生态是原生态，既是人类的生命出处，也是人类社会之源；生态与心态相连，自然生态作为人的精神生态富于历史深景的生发地，是人类离不开的生命平台。

社会生态、精神生态受自然生态环境因素的影响，精神生态更受社会生态的影响乃至制约，精神生态中人的价值观、道德观、思维习惯等元素，又无不在影响和构成社会生态，至于社会生态中的经济、制度、管理、教育、道德习俗等同样将对精神生态构成影响乃至限制，"自然生态、社会生态和精神生态不但直接交流呼应，而且处于三层同构、全息、交感、互融的结构中，正反双向互动，显性、隐性的多层共生"。（肖云儒先生语）

一直以来，我们注目自然生态与人的精神生态多，关注社会生态少。

其实，社会生态自有其特殊性，有时甚至表现出很厉害的独立性。

"人一到群体中，智商就严重降低，为了获得认同，个体愿意抛弃是非，用智商去换取那份让人备感安全的归属感。""个人一旦成为群体的一员，他所作所为就不会再承担责任，这时每个人都会暴露出自己不受约束的一面。群体追求和相信的从来不是什么真相和理性，而是盲从、残忍、偏执和狂热，只知道简单而极端的感情。"（古斯塔夫·勒庞著：《乌合之众：大众心理研究》）

人在社会生态中，这种精神上丧失自我主宰性、不理智而失却自我管控的表现，正是我认为生态写作有必要将社会生态放在自然生态和精神生态"两态"中独立而又联系地作深入考察的根由。

生态散文倘若未能深入地揭示"三态"矛盾，你想臻入大境界，是不太可能的。成功的生态文学作品如《鼠疫》《狼图腾》，都切入或复合表现了"三态"，应该说，切入"三态"的写作，生态小说已走到了前面。

在生态视域下，针对人与自然的关系，虽有一定的批判、反思和诘问，却未能更深入精神生态和社会生态进行省思，这一类散文可界定为"小生态散文"；小生态散文聚焦的，主要是自然生态和人的精神生态问题。

而大生态散文，则须深入探讨及艺术地表现自然生态、社会生态和精神生态"三态"的关系及问题，强调人的谦卑与担当，崇尚"天人和美"，已然是进入哲学境地的美学散文。

大生态散文，大在其思想内容和审美境界，大在其对自然生态、精神生态和社会生态切入的深度和广度。

就以写这场"全球疫情"来说，初期仅是精神生态与自然生态出的问题，是病毒报复人类，但瘟疫却属社会性疾患，是自然生态、社会生态和精神生态"三态"矛盾共同作用的结果，并迅速导致不同民族、不同国家、不同价值坐标新旧矛盾的全面激化，而促发了全球的社会生态走向失衡——对如此的"三态"问题，假如你的笔不深入社会生态和精神生态，恐难于达到相应的深度、高度和广度，写的只能是小生态散文。

三、增大生态散文的"思想量"

生态散文容量的扩充，离不开作家的独立思辨和批判能力，提出和普及"生态思想量"的激情和能力。生态散文如果不具理性批判,"思想量"虚无,内涵必仍是干瘪的。

任何一位想有所作为的生态散文家都应该有想做生态思想家的"野心",至少也该是生态思想者——倘若我们的作品仅仅停留在对自然的摹写,仅仅是抒写自己是如何在山中水边观察和生活,乃至写如何如何深爱自然,即便情感再感人——我认为还是远远不够的。

伦理即道德和行为的准则。"现代生态伦理"是在现代科技背景下人类与自然相处应有的、适合和适应促进生态和美的道德及行为准则。

现代生态伦理观,已是危机观、忧患观,也是生命观,是在"科技神"光普照下,人类应该有也须有的一种觉醒,是对长期以来人类中心主义的反动,是现代社会的革命行为,并且,现代生态伦理的建构行为,业已成为事关地球村安全和可持续发展的行动伦理。

在我看来,生态文学与其他文学最大的区别,恰恰就在于生态文学具备真正认识意义上的对"新的现代生态伦理"的文学性阐释、文学性表现、文学式探索以及增量性贡献。

在世界生态文学经典中,我最喜爱奥尔多·利奥波德的《沙乡年鉴》,"大地伦理学只是扩大了共同体的边界,把土地、水、植物和动物包括在其中,或把这些看作是一个完整的集合:大地……人只是大地共同体的一个成员,而不是土地的统治者,我们需要尊重土地"。这伟大的、划时代的现代生态伦理观"大地共同体"思想,就是在《沙乡年鉴》这本散文中里率先提出的。

如何从自然中解读和提炼"精神"?怎样从自然中获取精神原动力,以建构新的尤其是中国现实版的生态伦理,已是摆在我们面前的大课题。

我不敢说自己对生态"思想量"有什么贡献,但千禧年以来,我一直在努力探索中。我认为"大自然不但有母性的一面,也有父性的一面。母性委实就是大自然的均衡态,父性则是大自然的威严、金刚怒目。大自然的失衡态或非常态、'不平则鸣'态，是大自然的怒气冲天与角力搏击"。（杨文丰：《海殇后的沉思》）大自然的报复就是"父性化"的表现。人类对大自然的敬畏内涵已经发生了变迁，已由"旧敬畏"变成了"新敬畏"；敬畏存在"微观敬畏"和"宏观敬畏"；"敬畏是一枚严苛的硬币，正面乃敬重，反面是畏惧"（杨文丰：《敬畏口罩外的微生灵》）；等等。

那年我在瑞士瓦尔斯洞穴式温泉建筑内泡温泉，这座由建筑师祖默托设计并获建筑诺奖的"子宫式生态圣殿"——洞穴结构的圣殿式温泉建筑，让我喜悟得人与自然关系的最佳境界、最佳模式，不就是蕴含孕育、温暖、互赖、包容、仁爱、感恩、敬畏、孝敬自然（母亲）等美好内涵的"子宫式生态模式"吗？（杨文丰：《走进子宫式生态圣殿》）

四、让生态散文走向象征

象征是喻义大于本义的艺术。生态散文走向象征，可以有效地弹性地扩充内容，是实现散文容量最大化的重要途径，甚至是捷径。生态散文营构象征，离不开对象征物的认识和刻画。

寓意深刻的象征，避免了生态文学常犯的过于平实、滞涩的毛病，呈现一派云气氤氲的诗意气象，审美解读空间得以极大地扩充，作品的内涵可以走向最大化，无疑提升着"启智启美"的效应。曹雪芹的《红楼梦》、海明威的《老人与海》，何以具有不息的解读性？与其蕴含的象征性密不可分。

我视象征的本质为议论。象征分为整体式象征和局部式象征；一篇作品只集中表现一个大的象征物，即整体式象征，茅盾的散文《雷雨前》是整体式象征的经典作品，局部象征只是一篇作品中有一物象或几个物象是象征物，余光中散文《鬼雨》中的"雨"即是。

我希望借助科学视角让作品朝象征靠。我在《病盆景》《精神的树，神幻的树》《人蚁》《肥皂》《鸣沙山·月牙泉》《天麻劫》《这个尘世的变色龙》等篇什中，对营建象征作过一些探索。

写作经历告诉我，对象征物，你引入科学视角审美审视，更利于完成细密描写、细节展示，会更缜密、更深入而具象，更利于完善作品的象征性。

五、既风格独具又融汇更多文化元素

文学艺术，得风格者生。风格就是特色，风格就是质量，风格就是永恒的生命。无风格者或可名扬一时却无法传扬后世；唯风格辨识度鲜明者，才能长出传世的翅膀。对此，书法史同样可以给我们启示，欧阳询、颜鲁公、柳公权、苏轼、郑板桥、李叔同的书法，哪一位不是风格独具、辨识度极度鲜明的呢？

风格是作品从内容到形式所有构成因素环抱生成的大树。风格是作品蕴含的独特元素的强化。风格，蕴含着思想和艺术元素的极致性扩容。

生态散文内容扩充的最好载体是风格性文本。

风格与选材有关。如果法布尔不是写昆虫题材，就不可能有传世作品《昆虫记》。生态散文写作也并非一定选熟悉的题材，而是须选自己感兴趣的题材，有真实自然物依凭的"接地气"的题材，通过思考可以扩展的题材，对写作的题材，最好有亲历、现场感。

风格与切入问题的视角有关。视角须聚焦。散文也好，生态散文也好，大的写作准则还是依从肖云儒先生的"形散神不散"理论。诚然，形神俱散的散文也有成功之作，比如古罗马皇帝奥马骝的《人生启示录》。梁实秋《雅舍小品》中的许多篇什也较散，然何以好读？因其文字浸润着中国文化之韵也。中国文化是浸透入《雅舍小品》骨髓的。

风格更得以真为基础。生态散文由于至少融入了生态科学——生态之真，因而已成为比其他任何散文的"真度"都更高的散文。

一篇优秀的生态散文，科学之真作为坚实、宽大的审美基础，奠定和提升着善和美的效应。谁能否定具有无限可能性的大生态散文，不充盈隐显与共、同构互融的大真、大善、大美的内涵呢？

然而，生态散文容量扩充的底线是什么？是情感之真。

生态散文容量的扩充，还得以作家个性化的求真式研究为基础。生态散文容量的扩充还可以融汇更多"真的"文化元素：

——那些可以扩展或强化题旨的、让作品展示张力的、与表现思想和感觉、情感有关的寓言、神话、诗词、散文甚至是小说片断等等，都不妨引入或化入作品，这方面《蒙田随笔》最值得借鉴。

犹同"只求主义真"一样，生态散文容量的扩充，最重要的是还是求得真理的扩充，生态散文中的真理，在当今这个尘世，已关乎着国计民生和"地球之命"！

每一个想有所作为的生态散文家，都有可能将个性化的风格扩充为"大风格"。

但凡风格独树兼有大思想者，可以成为大家。一是思想，二是风格，得其一，只可以成为名家。大师只能由风格独异、思想引领大风气新潮流者担当。

杨文丰：农业气象学专业学士、中文二级教授、一级作家，10余篇散文被选入大、中学语文教材，曾获老舍散文奖、冰心散文奖、在场主义散文奖和全国优秀科普作品奖等。

从生态诗歌到绿色生活

华 海

华 海

近几年，广东清远市致力于生态文学品牌打造和岭南书院的建设，并将首创的"绿色生活十二条"上升为地方性法规，在城乡倡导推动绿色生活，探索一种生态文化建设的新模式新路径。对清远生态文化现象包括"生态诗歌"现象的聚焦研究，有助于把这方面探索的成果总结出来，并提升到可推广复制的经验层面，从而进一步在更广大的范围创新和丰富具有时代特色、民族特色和地方特色的生态文化，有力地推动生态文明建设走向生态实践，走向人的生态生活。

清远的生态文学不是凭空产生的，它有其产生的历史和现实原因。清远历来就有山水文学的传统，历史上留下的一些诗歌，比如苏东坡的"天开清远峡，地转凝碧湾"，写的就是清远北江的景观风貌，表现诗人看到这样的景象时产生的一种内心冲动和激情，山水和诗人的心情是凝为一体的。韩愈的《夜宿龙宫滩》中写到"浩浩复汤汤，滩声抑更扬"，这写的就是湟川——北江的一个支流小北江，诗句表现了湟川的江面上激流涌动，这当中折射出韩愈的一种思乡之情。他从中原来，岭南的山水景象跟北方迥然不同，雨夜在船上留宿龙宫滩，自然就有了乡愁。韩愈在阳山期间，接触到的山水风土与北方不同，这对他诗歌形成独特的风格产生了很大的影响。清远山水文学的传统是现代生态诗歌发端的一个历史渊源。从唐宋到明清，清远这一带都有诗歌集社的传统，往往一帮诗人集成一个诗社，吟咏创作。另外，我看过一些表现峡江的诗歌，

059

大多都跟清远的山水有关，有一种回归自然，远离喧嚣的诗意，这是清远历史上的诗歌一个很重要的特点。清远的生态诗歌就是在延续这种诗歌血脉，在这个基础上发展起来的。清远的生态环境良好，具有丰富多样的山水生态，有北江风光，有阳山的广东第一峰，有连南的万山朝王，有连州的地下河，湟川三峡等等。可以说是风景绮丽，千姿百态。这样丰富多元的生态，为诗人创作生态诗歌，提供了一种生态地理条件。如果说人文地理是历史的原因，那么生态地理就是现实的环境因素。清远注重环境保护，重视生态发展，特别是"十八大"以来，清远把生态文明建设作为发展的明确定位。在1998年，就明确提出"珠三角后花园"的城市发展定位。历届市委市政府都坚持生态发展的道路，特别是近年来，清远围绕"生态发展区"来推进生态文明建设，北部地区形成了岭南的生态屏障。清远的生态文明实践为生态文化、生态诗歌发展提供了基础，可以说清远的生态诗歌、生态文学的产生和发展是应运而生，得天时地利人和。

"生态诗歌"概念最早是在2003年提出来的。我们都知道当时发生了"非典"疫情，也是因为"非典"让我们重新思考人和自然的关系。当时我与两位学者分别进行了两场对话，与邓维善做了一个关于生态诗歌的对话，与单世联做了一个关于生态文明观的对话。在我跟邓维善关于生态诗歌的对话当中，就具体分析了生态问题，提出生态诗歌产生的直接动因就是以诗歌的方式回应生态问题和生态危机的发生。后来，我还跟梅真有一个关于"我与生态诗歌"的对话，把我的生态诗歌观念做了进一步的梳理。我们认为当代生态诗歌，作为现代社会批判和反思工业文明的一种文化现象，它与通常以人类中心主义为核心，以人的利益为唯一价值取向的诗歌有本质的不同，它把人与自然放在统一的位置，从生命共同体互为依存和相互影响的整体角度来体验和感受，并以对灵魂的反思和生命的体验，来调整人与自然日益紧张的关系。同时，我们认为生态诗歌不是简单的生态加诗歌，生态观念的诗歌内化是其中关键，这个"内化"就是探索生态题材和生态思想的"诗歌化"，生态诗歌应当是体现生态美学追求的创新的诗歌。这是当时对于生态诗歌这个概念的解释。后来，我们对"生态诗歌"不断研究探索，进一步提出了这样的观点：生态诗歌首先具有面向现实的一面，它批判反思生态危机现象，探究危机的根源，揭示人与自然分离乃至对立的悖谬；它更把立足点和归宿放在体验自然和想象自然上，这就是生态诗歌的三个基本特征：批判性、体验性和梦想性。梦想性是旨归，由对问题的批判回到对自然的生命体验，最终还是为了在诗歌中建构诗意栖居，体现人与自然和谐共生理想关系的诗歌境界。生态诗歌正是对生态文明这一时代命题的诗歌表达，无论在思想上还是审美形式上都与过去的诗歌迥然有别。

　　曾有研究者认为，清远生态诗歌已经成为"现象级"的文学品牌。清远山清水秀、人杰地灵，作为岭南"绿色之肺"的清远，在生态文明发展的新时期，认真贯彻落实习近平生态文明思想，围绕"生态发展区"的定位，认真谋划，着力推动生态文明建设，把生态文化建设作为基础性工作来推进。首先强化观念的引领，在清远城乡大力倡导绿色生活，连续举办两届清远生态文化研讨会。特别是打造了"生态诗歌"的品牌，2003 年率先提出"生态诗歌"的概念后，在《清远日报》开设"生态诗歌赏读"专栏一百多期，倡导和推动生态诗歌的创作和研究。2008 年召开了生态与诗歌暨华海生态诗歌国际学术研讨会。多年来，围绕"生态诗歌的创作和研究，每年举办"清远诗歌节"，至今已举办了八届。还举办了三届生态诗歌笔会，形成了生态诗歌的"江心岛共识"，涌现出了一批生态诗人，创作出了众多的生态诗歌作品，被媒体称为生态诗歌的"清远现象"。生态诗歌已成为清远的文化名片。如今清远生态写作正在从诗歌扩展到散文、小说、评论等各种文学门类，最近出版了"生态清远"文学丛书，一套六本书，380 多篇诗文、近 200 万字，历经 2 年精心打造完成，不久前在江心岛岭南书院举行了首发式。这套丛书收录了近年来清远本土作家以及到访清远的外地名家所写的生态文学作品。有专家认为，丛书的出版是清远生态文学的新突破，标志着中国生态文学又向前迈了一步，能够为全国生态文明建设提供一种新的启示。

清远的生态文学在生态文明建设中发挥的作用已逐步显现出来。首先就是观念的传播作用，它以独特的文学语言重构了文学的地方性，从而建构和传播一种生态文明观念、生态价值观念，这个价值观的核心就是人和自然构成了生命共同体。我们认为如果生命共同体中的自然被破坏了，就是我们的家园被破坏了，我们就不能够可持续发展和生活，这是关乎现实又关乎未来的问题。清远的生态文学立足于"看得见山，望得见水，记得住乡愁的"吾乡吾土，让文学的触角进入生态地理和与它相伴而生的人文地理，艺术地表现丰富多样的生态实践，构建一个面向未来的、人与自然和谐共生的"诗意栖居"。其次清远的生态文学正引导人们参与对"绿色生活"的追求，让人们更加珍爱身边的环境和自然，并投身到环境保护和生态文明的实践当中去。生态文学反映了一些生态问题，敲响了警钟，引起人们的警醒，让公众在这些问题面前感到震惊，这就有一种振聋发聩的作用，也促使人们回归自然，到大自然当中去体验，发现自然的美，与自然重新建立和谐共生的关系。现在我们人与自然往往是分离的，所以生态文学要做的就是引导人们回归自然，重新和自然建立联系，建立一种审美关系，在这种回归当中，在潜移默化中影响人的心灵和精神，进而重新调整人和自然的关系，自觉形成一种建构性的"生态伦理"和"生态理想"。

清远的生态诗歌还在路上，它还是一片成长的树林，需要精心的培育、浇灌，更需要汇聚各方智慧，不断探索向前。清代诗人王渔洋曾倡导并评述"神韵诗歌"，他解释神韵就是清远。希望清远的生态诗歌在清远的山河大地上，在生态文明实践中展现更加独特的神韵和魅力。

华海：江苏扬州人，中国生态诗歌倡导者。已出版《生态诗境》《当代生态诗歌》《华海生态诗抄》《敞开绿色之门》《一个人走》《静福山》《一声鸟鸣》《红胸鸟》《蓝之岛》等生态诗集、随笔集、评论集，入选《百年新诗百首解读》《新诗排行榜》《中外生态文学作品选》及全国年度诗选等，曾举办"生态与诗歌暨华海生态诗歌国际学术研讨会"。入选《生态文化》杂志"2021年度生态诗作十大汉语诗人排行榜"。获国际华文诗人笔会授予的"中国当代诗人杰出贡献金奖"。生态散文诗集《红胸鸟》在北京师范大学中国当代新诗研究中心等机构联合主办的评选中获"十佳华语诗集"称号。

自然 社会 个人的冲突与文学消解

胡 伟

胡 伟

矛盾是客观存在的，人类在解决矛盾中前进。在人类进程中，自然、社会、个人的冲突，代表着不同时期的主要矛盾。

自然的冲突表现在自然进化和人类进化的冲突。

社会冲突，表现在国家之间和国家内部冲突。

个人冲突，指个人生活、精神追求上的冲突。

各种类型矛盾的解决需要很多条件的配合，由于条件限制很多冲突有时短暂时间是无法克服的，文学是重要的人文手段之一。

一、自然

地球冷却后，进入自然发育阶段。这里的自然指狭义的地球自然，包括陆地生态主体森林、动植物资源、海洋、大气和无机矿产、土地等。

自然是地球上的长期霸主，发育时间达亿万年之久。

在人类出现之前，自然经过充分发育，使得地球充满生机。

人类从森林里走出来之后，慢慢加速发展。先是族群，再是部落，最后形成国家社会。

原始社会后期，人类已经是地球霸主了。自然成为资源，为人类所用。

人类社会依次经历了远古社会、原始社会 、封建社会、资本主义社会、社会主义社会几个阶段。随着技术手段的提高，人类开始大规模地利用和影响自然。封建社会的时期，人们已经一定规模地开发自然。进入资本主义时代，机器的使用使得人类能力空前提升，对自然的开发速度达到极大数值，自然遭到非常大的创伤，开始出现负的增长。

20 世纪中期，随着森林质量下滑，气温上升，海洋污染，雾霾盛行，地球的生态出现紧急的病状。人类开始认识到由于人的无度行为，导致了自然不能持续健康发展，进而会威胁到人类自身发展。

21 世纪，人类已经重建人与自然的关系。但是自然的修复需要一个漫长的时间。人类又想继续发展，这个情况对自然的冲突，还在不断产生。

二、社会

人类自古就是群居动物。群居带来的好处，让人类不断壮大。于是族群、部落、国家，逐渐形成。

自从人类组建国家以来，国家之间充满了矛盾。为了消去矛盾，人类发动了两次世界大战。严重受伤的人类，停止了战争，开始寻找新的道路和次序。

世界范围的经济贸易快速发展，信息技术进一步促进各国经贸往来。

如何让组织有效，是每个国家需要考虑的事情。

国与国之间竞争加剧，此消彼长。

如果说 20 世纪之前的社会主要目标是生存，20 世纪之后的社会主要目标是生活。各国停战后，社会开始内化，社会的矛盾体现在公平、公正、公开等方面。

三、个人

21世纪，经过多年和平发展，国家、社会基本稳定下来。衣食无忧的个人出现新的冲突。

个人是社会基本单位。国家、社会的发展，都是为了提高个人的幸福度量。饥饿的个人没有那么多是是非非，一顿饱饭就能解决。温饱后的个人，寻找更多更大的空间，一个小宇宙产生了。要让生活着的人开心健康，难度一点也不比让饥饿的人开心容易。

抑郁、生事、生病、无聊……个人问题席卷世界。西方作家总结到，当人们把视线转移到自己时，会发现自己进不了城堡。

现代、后现代，都是在个人视线范围内产生的思考。个人冲突，还需要更多的重视和治疗。

四、文学的消解

文学不是万能的，文学是一种温柔的力量。

当自然、社会、个人，出现种种问题时，文学都是及时地站出来，给予启示、生发。

古典时代，自然开始出现问题时，作家遵从内心呼吁重视。封建社会、资本主义泯灭人性的时候，作家描摹现实，引起人们思考，产生修正行动。当代社会，自然、社会、个人矛盾交织，作家开始创作生态文学作品，予以揭示，消解。

这里重点讲一下生态文学。很多人分不清自然文学、环境文学（绿色文学）、生态文学的区别，它们相互交叉。我简单给一个视角，予以定位。一是代言。自然文学侧重代言自然，环境文学侧重代言人，生态文学侧重代言人与自然。二是时间。自然文学，产生于现代之前，环境文学产生于现代，生态文学产生于当代。

这样说，不是说谁好不好。每个文学类型都是经典的，都是不同的山峰。

自然文学和环境文学比较成熟，有非常清晰的作品和理论。而生态文学，由于正在发生，面容模糊，作品和理论支撑，都还没有经典的模板。可以预计，生态文学要成为经典，估计还需要10年以上的时间。

为什么会这样？其实，生态文学要解决的问题难度比较大。生态文学脱胎于当代自然、社会、个人矛盾丛生的时刻，要找到自己的坐标，确实需要时间和实践。

就中国而言，生态文明建设如火如荼，很多实践都在各地进行。

广东清远就是一例，在火热的广州边上，清远自古生态环境一直非常好，环境优美。如今清远生态诗歌成绩突出，群众生态意识良好，社会协调发展，具有全国生态文化示范价值。

生态文明建设其实是一场思想、制度、技术革命。它不仅仅是生态建设，而且是自然、社会、个人冲突解决的一个当代方案。很多人还没有这样认识，当然世界其他各国行动也是参差不齐。但是，当中国的生态文明建设大功告成，世人就会恍然大悟。

这期间，生态文学要加快脚步，结出硕果，让人们从自然、社会、个人冲突中出来，早点收益。

胡伟：原籍安徽，生于1970年，生态文化杂志主编。本科就读于南京林业大学，陆续获得中国农业大学、对外贸易大学硕士学位。1992年起，在林业行业从事媒体工作。生态地学诗派的创建者之一

培植生态道德是生态文明建设的
重要任务

冯小军

冯小军

生态危机由人而起，自然也该由人解决。换言之，地球出现生态危机的责任在人，解决也在人。虽然其他手段也有效，但是最基础也是最困难的是通过培植人的生态道德解决问题。

一、生态危机是人类自己酿造的苦果

人类从诞生之日起就与自然界存在着密切关系，这种关系从简单到复杂，从依附到征服，从征服到共生，是一个不断演进变化的过程。这种关系的变化，反映着人对自然界的认识，也体现着人对自然的行为，产生了不同价值观及与之相应的实践行为。与当时社会生产力发展水平相适应，不同文明时期生态价值观具有不同特征。在原始文明和农业文明时期，由于人类的力量在自然界面前相对弱小，人类屈服于自然，敬畏自然和崇拜自然，且将自身视为自然界的一部分，体现的是"天人合一"的哲学思想，这一时期人与自然的关系是依附自然、适应与利用自然，对自然的干扰能力相对有限。工业文明时期，随着科学技术的不断进步和人类对自然认识的深化，人类开启了大规模征服自然的时代，人与自然的关系是利用科学技术改造自然，认识论方面逐渐形成了主客体即人是主体的二元存在论，人类将自己凌驾于自然之上并以主宰自诩，产生了"人类中心主义"的世界观。但也正如恩格斯所说"我们不要过分陶醉于我们人类对自然界的胜利。对于每一次这样的胜利，自然界都对我们进行报复"。工业文明的300多年中，人类文明取得了巨大成就，同时也付出了沉重代价。20世纪以降全球陆续爆发令世人震惊的公害事件。仅30年代到60年代就发生过著名的八起公害事件，比利时马斯河谷烟雾事件、美国多诺拉镇烟雾事件、伦敦烟雾事件、美国洛杉矶光化学烟雾事件、日本水俣病事件、日本富山骨痛事件、日本米糠油事件等，在人类发展史上留下了惨痛的记忆。其实，20纪60年代后此类事件并不少见，给人类造成的危害有增无减。我国严重的雾霾严重污染空气，导致以肺癌为主的恶性疾病多发，严重影响国人健康，医院人满为患，堪称独特的生态灾难。面对生态危机人们开始思考，诞生了一批诸如《寂静的春天》《只有一个地球》《增长的极限》等具有环境警示意义的著作。其后不断有精英人士研究和关注环境问题的解决途径，生态伦理等研究广泛出现。在价值观层面，人类开始意识到生态系统是人类居住其中的一个有机联系系统，人类对生态系统的管理既要高效，又要积极保护，人与自然的关系由征服自然转向和谐共生，逐渐形成了新的价值观——人与自然和谐共生的生态道德观，也即人类道德规范新的增长点。新的生态道德是人们长期认识自然，利用和改造自然过程中逐渐产生的，有关生态环境意义、好坏、利害等观点和看法，以及人类利用生态环境的基本价值取向，是现代价值体系在生态层面的基础和出发点。生态价值观的研究与构建，对于人与自然的长久利益与长远发展具有重要的理论与现实意义。

理论来源于实践，反过来影响指导实践。1972年联合国召开了第一次国际环境保护大会，会上通过了《人类环境宣言》，它是人类历史上第一个保护环境的全球性宣言，是世界上第一个维护和改善环境的纲领性文件，意在唤醒世人的环境意识。《人类环境宣言》尤其强调教育作用，它指出环境教育在保护和改善环境上的必要性。1977 年，联合国教科文组织，联合国环境规划署在苏联的第比利斯召开了政府间环境教育会议，会议明确提出环境教育的目标，包括意识、知识、技能、态度和参与五个方面，拓展了环境教育的内容和方法，把环境教育引入了一个更广阔的空间，在环境教育的理论和实践两个层面取得了广泛共识。国际环境教育基本理念和体系确立，在国际环境教育发展史上具有里程碑意义。

自然人类也在积极行动。就我们国内来说，面对耕地与河流的污染，生物多样性遭遇挑战，地下水超采，滥用农药，食品添加剂不规范等严重影响全民健康的现实，政府和民间一直在行动。近几年，我们积极治理雾霾、水和土壤的污染，治理工业排污，减少碳排放，推行"河长制"和"林长制"，实施社区垃圾分类等，各领域都取得了一定进步。但问题是破坏与治理的博弈中成效差强人意，表现在喊得多，收效差。虽然我无法用具体数字做明确的定量分析，单从主流媒体的报道来看，概括我国的生态环境水平持续恶化并不过分，环境的总体质量极不乐观。我曾经莫名地感觉我们居住的地球就像一个奔跑而制动出了问题的汽车一般，正在风驰电掣地滑向深渊，车上的乘客已经感到危险，恐惧担忧，甚至有人歇斯底里，可有没有办法控制它继续走下坡路。坐在这辆地球车上的乘客多数人盲目乐观，得过且过。令人悲观的是有人日复一日地寻欢作乐，娱乐至死。

二、危机突围，构建与大自然和谐共生的生态道德

既然我们已经清楚地球生态危机的根源是人类中心主义，就应该主动停止过度消费自然资源，规范自己的生活方式，建立起不仅对地球负责，更是对自己负责的生态道德。

生态道德并不是一个新概念，它是人类社会道德范畴中具有特殊含义的一部分，是人类在预感生态环境遭遇危机后的一种反思，体现人类保护生态环境道德律己的行为。生态道德的特征一是反映人与自然之间的道德关系。二是其规定性体现出一定的社会整体对人们的道德要求，显示人们认识和掌握道德现象的一定水平。三是作为一种信念它存在于人们内心，并能时时指导和制约人的行为。

生态道德建设是人类可持续发展的理性选择，尽管它的本意也是从人的立场出发，但它是为人类理性生存和健康发展提出的主张。它承认人必须承担与自然和谐生存的义务和责任。从发展观的角度讲，生态道德是人类道德进化的产物，是人类在走过依附自然、改造自然、战胜自然等过程后的理性反思，并走向更高级文明形态的一种理性抉择。核心是人类在取得社会进步的前提下与大自然建立起和谐共生的道德约束。核心观念是合理开发自然资源，节约自然资源，实现人的生存与地球资源的动态平衡，改变过去那种为自己的率性而为吃子孙饭的不良行为，遏制对地球环境资源的透支趋势。

生态道德的思想萌芽古已有之，在我国，历史记载夏禹时我们的先民就有了保护树木的诉求，《逸周年》记载，"禹之禁，禁三月山林不登斧，以成草木之长"。战国时期著名思想家荀子提出过与今天相近的文明理念。"不夭其生，不绝其长"的内容用今天的话说就是要尊重自然规律。

同我们国家一样，世界其他民族也有类似的做法。特别是工业革命后环境危机日益严重的现实逐步被世界人民所认识，生态思想逐步觉醒，生态道德愈发引起重视。近年来，国际捕鲸委员会成员多次与日本非法捕鲸船发生冲突，双方对抗的消息屡见媒体。地球上出现严重公害事件后常常引起公众游行示威，典型案例不胜枚举。我们国家近年来建立恶性环境事件举报制度，遭受危害的人们积极举报恶意排放行为，成了各级环境保护部门查处违法案件的重要线索。

与民间的生态觉醒相比，各国政府以至联合国更是积极行动，1972年12月15日联合国环境大会做出了建立环境规划署的决议，其使命在于激发、推动和促进各国及其人民在不损害子孙后代生活质量的前提下提高自身生活水平，领导和推动各国建立保护环境的伙伴关系。为保护地球，为遏制全人类的生存危机一些国际环境保护协议逐步出台，诸如与保护臭氧层有关的国际环境公约，控制危险废物越境转移及其处置巴塞尔公约，濒危野生动植物物种国际贸易公约，生物多样性公约，联合国气候变化框架公约等等。从"京都议定书"到"巴黎协定"再到最近召开的联合国气候变化大会第26次大会，联合国和各国政府一直在寻求解决生态危机的有效途径，体现出国际社会大力治理生态环境的不懈追求，体现了各国政府重塑生态道德的持续努力。

毋庸置疑我国现代化建设走了不少弯路，有过与其他发达国家类似的先污染后治理的教训，即使今天依旧面临着严峻挑战。所幸我们已经有所认识，有所警醒，更有行动。"绿水青山就是金山银山"的"两山论"已经家喻户晓，成了党和政府执政为民的重要决策，而且正在逐步实施。

三、借鉴古人知行合一理念，着力培植生态道德

无论国际社会还是我们国内，无论政府还是民间，谁没有认识到地球的生态危机日益严重？可又有多少人认定它迫在眉睫？我们的古人很早就认识到人的生存与自然世界的相互依存关系，认识到人类认识世界与改造世界要把认知与行动相统一的主张。明代哲学家王守仁先生提出的知行合一主张不但对其以后的思想界有重要影响，对于今天也仍然具

有指导意义。如今，我们对生态危机认知怎样？行动又怎样？在我看来突出问题是认知与行为脱节。只说不做或说得多做得少。谴责别人滔滔不绝，谈到自己却避重就轻。认为地球即使出现了生态危机也不至于严重到马上天塌地陷。在有些人的眼里，臭氧层撕裂了地球不是照样运转吗？北极冰盖坍塌了地球不是照样运转吗？有啥必要杞人忧天？即使承认生态危机，一些人却高喊着主张相信自然的口号，认为地球既然产生了人类就能承受人类的行为，确保人类的繁衍。在他们眼里危机在远方，在别国。无论是温室效应还是自然灾害，责任在政府，在富人，自己只是受害者，是无辜的人。

就拿联合国国际气候变化谈判来说，无论多边还是双边的谈判，哪一方不是从自身利益出发？有谁不是寻找各种理由为自己开脱？那些已经完成现代化的发达国家总是无视发展中国家的利益，把节能减排的责任推给那些发展中国家，认为地球生态危机的原因在别国。自己不履行义务，反倒利用国际气候变化打压别人，限制别人。

记得有人描写过去酒店吃饭的客人和厨子共同到猴笼里抓猴子的场景，只要厨子带着客人走近猴笼，里面的猴子就会慌乱吼叫。它们明白将要发生什么。于是惊慌失措中它们会设法逃避捕杀，那些聪明和力气大的猴子会使劲儿往后缩，同时极力把弱小的猴子推向笼口。它们逃避被杀的举动人们看在眼里，却不会因为躲在里边就不被挑中，厨子在客人的首肯下总是把那些力气大，身体健壮的猴子抓出来宰杀。不难想象，我们人类不是与那些装在笼子里的猴子一样可悲吗？其实，真的危机来临之际谁能难逃厄运呢？人比猴子精明但聪明有限，天灾真的出现时只要是地球人谁都难逃厄运！

就我们国家来说，难道有谁会怀疑保护生态环境的重要性吗？有谁不再抱怨周围的环境越来越差？各级政府的官员有谁不明白我们面对的生态危机吗？承认、认知，却没有行动或行动不利。突出表现是所有地方都存在着严重的地方保护主义，为了发展，为了提高人民幸福指数抓紧做着有水快流的勾当。在急功近利的驱使下几乎所有的决策者都把经济发展等同于 GDP 增长，千方百计地追求增长速度。

消费层面畸形消费大行其道，有钱就任性的高消费行为泛滥成灾，各种奢侈品诱惑着人们，年轻人里月光族比比皆是。一些人"宁可在宝马车里哭也不在自行车上笑"，价值观严重扭曲，社会到处弥漫着"今日有酒今日醉"的奢靡气氛。尤其是那些精英阶层，大款、大腕无不戾气十足，一边做环保行动的代言人，一边香车宝马，与资本沆瀣一气。与此相伴的还有社会"互害"现象，几乎愈演愈烈。最近著名作家毕淑敏写了一篇叫《毒不死的城里人》的散文，向读者讲述了自己到农村旅游时接触菜农的种种感受。文中她引用一个老菜农的一段话："我们在庄稼和菜叶上，用了那么多的化肥和农药，眼看着活蹦乱跳的虫子眨眼间就扑啦啦死了一地，可你们城里人一年到头吃的就是这种粮食和菜，怎么到如今还没有被药死呢？"看看，滥用化学农药到了多么害人的程度？

毫不避讳地说，我们国家公民的道德沦丧程度令人惊骇，生态道德缺失让人触目惊心。卖馒头的人不吃自己做的馒头，做四喜丸子的不吃自己的丸子。中国人谁敢说自己没有吃过地沟油？有谁没有吃过瘦肉精？生态危机触目惊心，途径在解决！专家学者建议多多，可以开展道德教育，可以采取法律手段，但是知行不一的多，只说不做的多，即使出台再严厉的法律手段也会因法不责众而流产。所以，我呼吁还是要从教育抓起，从培植生态道德抓起。通过教育潜移默化地用生态道德武装人们的头脑，提升每一位社会成员的道德水平。

实施道德教育要首先从领导干部和上层社会抓起，从社会精英阶层抓起，要持续不断地面向全社会宣传、普及、推广生态道德，在全社会筑起保护生态环境的绿色屏障，从而形成保护生态环境的强大合力，在全社会培植崇尚节约资源的价值观，鼓励低欲望的物质消耗，倡导高欲望的精神消耗，进而减轻地球负担，推动生态环境恶化的趋势逐步逆转。

冯小军：《生态文化》杂志副主编，正高级政工师。

重新凝视自然

岛晓霞

岛晓霞

"采菊东篱下，悠然见南山""众鸟高飞尽，孤云独去闲""人闲桂花落，夜静春山空"……这些是生态诗歌吗？

对于什么是生态诗歌，历代诗人学者众说纷纭。生态诗歌倡导者华海认为，生态诗歌不仅仅是书写自然，还是对当下生态问题的回应，也是对未来人与自然和谐共生关系的诗意想象。

近年来，有着诗歌传统的广东清远，一直致力于生态诗歌品牌打造，并不断探索一种生态文化建设的新路径。去年，弥漫全球的新冠肺炎疫情给高速发展的现代社会按下暂停键，让人类重新凝视自然，思考人与自然的关系。为了用生态诗歌的方式唤醒人们的生态意识，清远市举办了第二届"生态诗歌笔会"，同时以"疫·情·生态"为主题向全国征稿，最终部分诗歌结集为《庚子生态诗歌选本》。通过《庚子生态诗歌选本》中诗歌作品，我们可以发现诗人们的生态意识更加自觉，对人与自然关系的体验和思考更加深入，在诗歌表达的内容和语言形式上也都呈现出一些新的特征。

体验自然之美、感悟生命意义

庚子年是一个特殊的年份。这一年，新冠肺炎疫情暴发，改变了我们的生活和感知世界的方式。全国各地以封锁、隔离的方式应对疫情，这给人们的生活造成极大不便。隔离让居住在城市里的人们失去自由，与大自然更是遥不可及。一旦隔离解除，人们就迫不及待地去亲近自然、融入自然，体验自然之美、感悟生命意义。

《庚子生态诗歌选本》中不少作品表达的都是这种情感。陈于晓写道解除封锁之后，来到湿地聆听生命的声响："在空旷处 / 摘下口罩 / 聆听呼吸的声音 / 这是我的呼吸 / 也是草木的呼吸 / 是湿地上所有生灵的呼吸。"李群芳写道武汉珞珈山的樱花开了，"且让我驻足 / 替那些还困在房间的人，好好看看 / 趁左右无人，摘下口罩 / 替他们好好闻一闻 / 并产生摘一朵给他们带去的念头"。秦风的诗歌《白衣天使帖》，写道"说星星很亮的人，是因为没有看过护士的眼睛"。疫情，让我们对生命、对自然有了更深入和独特的体验和认知。

南萧萧的诗歌《嘘，森林公园的幽静》抒发了融入自然的生态体验，"嘘，请不要说话 / 把脚步放轻，把心灵的喧嚣 / 打扫干净，请听它们和着天地神韵 / 发出最纯澈的一片幽静"。陈于晓的《访一间茅屋 叩开梅花一院》写道，"门虚掩着，我轻叩，无人应答 / 吱嘎，像是我推开的 / 但或者是风吹开的，冷不丁地 / 与一院梅花，撞个满怀"。这是多么美妙的诗意体验啊！此外，在《在白山遇见枯叶蝶感叹生命之美》《和神农架一样，心地干净》《早晨在山中做深呼吸》等诗歌中，读者都能感受到诗人在精神上大多归于一种安静之境，那是回归自然的安静。

以草木鱼虫鸟兽为写作方向

众所周知，《诗经》多草木鸟兽之名，并借以抒情兴叹。这在《庚子生态诗歌选本》中也表现得较为鲜明。据当代学者胡朴安统计，《诗经》中的动植物总数高达300多种，其中"言草者一百零五，言木者七十五，言鸟者三十九，言兽者六十七，言虫者二十九，言鱼者二十"。可见，草木鱼虫鸟兽是人类生存、生活的一部分。

《庚子生态诗歌选本》中，不少诗人选择了草木鱼虫鸟兽为写作方向，比如海棠、冰草、椿树、枯叶蝶、蚂蚁、蜡梅、香樟树、玉兰、樱花、芦苇、燕子、梅花、石林、麻雀、田螺、紫荆、禾雀花、翠鸟等等。这些"大自然的诗人"，常年与草木为伍、闻虫草之鸣、听鸟兽之语，他们笔下的自然界生物无不具有生命的光辉和灵性。但他们仅仅是写草木鸟兽吗？答案是否定的，他们同时在写人和社会。

其中，黄礼孩的诗歌《它在摆脱速度带来的繁华》，表面看写的是蜗牛，实则写的就是当下人类社会。他写道，蜗牛"远离一切急于求成的事物 / 蜗牛学习着，用生命的黏液控制着欲望 / 它不妒忌那些看起来高达的幻影 / 一生都在摆脱速度带来的耀眼光华"。现代社会就是追求速度的社会，现代人大多是被欲望控制、急于求成的人。诗中，蜗牛的慢与现代社会的快，形成了强烈对比。最后，"摆脱速度带来的耀眼光华"诗人的态度，既是对动物的哲理思考，也是对人与自然关系的反思。

面向未来，指出了理想的生活

利奥波德在《沙乡年鉴》中，把人与社会的伦理学推向大地之上的所有生命，推向大地的边缘。我国自然文学的先驱、诗人徐刚曾提出，自然文学要关注"大地的完整性"，他的作品面对的都是大地的过去和现在。值得关注的是，《庚子生态诗歌选本》中呈现的不仅是直面当下现实问题，而且不少作品面向未来，指出了理想的生活。

人类社会与大自然的平衡，正面临着科技迅猛发展的挑战。我们知道，臭氧层犹如一把保护伞保护地球上的生物得以生存繁衍。然而随着人类活动的加剧，地球表面的臭氧层出现了严重的缺失。华海在他的诗歌《臭氧层》中，写道"透过洞孔，你看到未来，一双冷峻的眼睛 / 像逼视，也像拷问：人啊，你拿什么来做补丁？"这首诗展示出了较为犀利的生态批判锋芒，旨在警醒世人，唤醒他们的生态意识。张伟锋在《自然之心》写出了大家心之向往的样子，"我亲爱的朋友们 / 你们真好，指引着我 / 去向自然，去向永恒。那空旷和寂静 / 那干净和纯洁，那自由和闲适 / 原来，就是我一直梦寐以求的，心之所向的"。而李衔夏的诗歌写出了人类活动对大海环境的破坏，导致发现"大海其实并不欢迎人类 / 一个一个浪头推着我返回陆岸 / 大海在下逐客令"。否定也是一种界定，这个"逐客令"反衬出作者心中的理想世界。

此外，徐刚还反对文字的粗鄙化，提倡诗性的语言。在他看来，大自然就是那么美妙神圣、变幻莫测，倘若我们没有深入宽广的洞察，没有超乎寻常的想象，没有诗性的表述，怎么能去叙写大地荒野、浩渺星空、山水草木、翎毛鸣虫？《海棠园的浓浓秋韵》的丁济民、《迟开的腊梅》的孙淮田、《稻田里的田螺》的唐德亮、《蚂蚁的家》的孙梧等"大自然的诗人"，便以一颗纯净的心灵面对草木，聆听大地，在旷野中获得朴实如泥土、清新如露水的鲜活的语言。现代社会的人们，已经很难辨认草木鸟兽之名，很难理解大自然本身的语言。生态诗歌营造的诗意境界能够引导人们重新回归自然、融入自然、体验自然，它能使人们的感官重新灵敏起来。

整体看来，《庚子生态诗歌选本》是一部较为优秀的生态诗歌集，是疫情期间诗人对当下社会现象的描述与抒情，也是对新时代人与自然之间关系的诗意回应。这部选本也让我们看到，随着越来越多的人生态意识的觉醒，越来越多的诗人开始创作生态诗歌，且生态诗歌已经成为当今诗坛不容小觑的一片风景。

岛晓霞：中国自然资源报社文化部主任编辑。

在场感知的生态气息

邓维善

邓维善

广东清远诗社近年来非常活跃，积极开展诗社系列活动，举办了首届清远国际诗歌笔会等大型国际性的诗歌笔会，创办了《清远诗歌》报，编辑出版了《著名诗人写清远》《而立年华——清远诗社成立卅周年社员作品精选》《四海诗萃》《北江诗踪》等4部大型诗歌和诗歌评论集，设立了英德九龙小镇等4个创作基地，开辟了诗社微信公众号、诗社网站、诗教基地等社员学习诗歌和展示诗艺的多个平台，社员作品在海内外发表了大量的作品。2018年，清远诗社成为全国十大最佳诗社之一。去年10月中旬，举办了"首届现代诗歌 古典诗词笔会"，产生了广泛的影响，参加笔会的诗人创作了一批作品，《文艺报》《中国绿色时报》《中国自然资源报》《当代诗人》等报刊杂志发表了消息并专门刊发参加笔会诗人的诗。笔者读这些诗的感受就是在场所感知的生态气息。

现代著名诗人艾青说："诗歌是时代的号角。"诗人对时代是敏感的，他们用自己的方式去感知时代、唤醒时代、融入时代。进入21世纪，诗歌没有发挥"号角"的作用，诗人们更多的还是感知时代，是一种自觉融入改革开放浪潮的时代声音。当沙尘暴飞舞京城，当海啸席卷东南亚，当洪涝浸泡我们的生活，人们呼唤生态的改变时，清远诗人较早的发出了觉醒的声音，以华海为代表倡导的生态诗也应运而生。这几年生态环境得到较好的改善，生态诗人也随着这种改善发出自己的时代感知，用诗的语言感悟生态气息。生态诗人华海2021年2月5日发表在《中国绿色时报》组诗《生命的气息与山林连在一起》是如何感知的？这组诗，诗人充分利用现代诗的通感、联觉和幻化等艺术手法，展现生态诗的在场魅力。"一棵树与另一棵树如何交谈 / 飞禽走兽昆虫之间如何沟通 / 对于我而言这始终是个迷"这种现象，现代科学仍然无法解释，诗人自然也无法解释，但是，诗人可以调动自己的全部知觉去体会去感知："调匀呼吸，让天地在心中平放 / 生命中的气息便与山林连在一起"为了感知自然的气息，诗人"让自己的语言低下来 / 才能听到它们的声音""我让自己低下来，低到 / 能看见一棵草的生长 / 和一只昆虫的爬行""我让自己静下来，静到像一棵 / 林中的树，张开无数绿色的耳朵"。让自己的语言"低下来"，让自己的身躯"低下来"，让自己的行动"静下来"都是为了"与山林连在一起"，这是生态诗人的宣言也是其实际行动。华海提出生态诗歌的"梦想性、体验性、批判性"，他刚创作生态诗时，更多的倾向于的"批判性、梦想性"，现在创作更多的是"体验性"，不是说他早年不写"体验性"，而是写得不多，或许近年来生态环境的改善，让诗人有了更多的体验。华海倡导的生态诗主张人与自然的交流，人与自然的融合，人与自然的一体化，他自己这样倡导也是这样实践的，请读他发表在 2021 年 2 月 10 日《文艺报》中的《一首诗》："一只白鹭的忧伤便是我的忧伤 / 一座静福山的疼痛便也是你的疼痛"。而邓维善则调动视觉形象和听觉形象，让海的生态之歌"奔腾不息的涛声 / 传递每一个角落"（《听海》）。

生态诗人华海倡导的生态诗歌创作带动了清远一大批诗人，在这次广东清远诗社"首届现代诗歌 古典诗词笔会"上就涌现一部分优秀的生态诗歌。清远诗社经常组织社员到野外采风，清远诗人走进山林、山村、山野就有新的创作，曾新友的《重游第十九福地》（刊于 2020 年 12 月 23 日《中国自然资源报》，下同），用富有力量的动词，撬动一个静的"福地"："叶遮蔽了天 / 太阳伸直的射线 / 吊起路途的石板 / 移动清爽的时光"。唐德亮的《蒲芦洲》在场感知是以发现美来展开，请看"生命之绿从这里辐射。弥漫／绿的芬芳"。骆雁秋用"老瓶装新酒"的古体诗，以积极进取的心态切入自然，让人有了耳目一新的生态气息："高山深处观飞瀑，近水门前认故人。"（《山乡游》）林萧的《天境山之思》给人沉思，想像丰富而大胆，"天空给自然照镜／也给自己照镜／失去镜子的人仰头看天／得到镜子的树低头赶路。"生态思辨从"镜子"里照了出来。

　　古今中外的诗人、诗论家都对诗歌下过许多表述和定义，誓如唐代诗魔白居易给诗的定义："诗者，根情，苗青，华声，实义。"比如古希腊先哲亚里斯多德说："诗是叙述或然之事及表现普遍的。"对于诗歌创作，笔者倾向于现代诗论家流沙河的"画＋说"，我的理解是诗歌重于画境，也就是要有意境。散文诗是近代出现的新体裁，本意是散文＋诗，既有散文的外观和内涵，又有诗的情绪和联想，只是在形式上不分行的诗。笔者觉得散文诗要有意境还可以描境，也就是说散文诗可以根据自己所创作的意境进行环境的描写，让意境有些许透明的成份，使读者明了表达的意思。这种新体裁为生态诗的发展带来了广阔的空间，生态诗人华海走进连州畔水村看见一束花，并有了"让一路的风尘安顿下来"的愿望，能够"安顿下来"自然有许多想法，诗人展开想像的翅膀，有了幻化的描写"不远处，山影如人生的旅程逶迤起伏。"在场的感知使诗在生态场景中升华了。华海从微信中给笔者发来新作《想起龙坪山里》："一只野山鸡在草丛停下，它目送我沿着这条石子路独自行走。我已看到，山边那排马尾松。"这首散文诗蕴涵的生态观发生了变化，从批判性走向梦幻与多样性的现场，并从现场多样性的动植物互动中让人感受生态的美感。笔者觉得华海开始寻找一个多元的、相互联动的、充满生机的诗的生态世界。

　　清远诗人群体创作呈现在场感知的生态气息，缘自清远诗社积极为社员提供创作动力，积极组织社员到野外采风的结果。在笔者负责接收稿件中，发现参加采风活动的诗人都非常踊跃的投稿，尽管有一些稿件水平一般，但是他们的创作热情还是值得鼓励。清远诗社社长曾新友说："首届现代诗歌 古典诗词笔会"推出了 6 位没有在省级刊物发表作品的社员登上省级、国家级报刊，这是诗社的成绩也是大家努力的结果。一次采风笔会能有这样的效果的确应该庆幸，更应该庆幸的是清远诗人自觉的生态意识。

邓维善：广东省仁化县人，《清远视界》编辑。系广东省作家协会会员，广东省文艺评论家协会会员，中国诗歌学会会员，清远市作家协会副主席，清远诗社副社长，清远市文艺评论家协会监事长，清远市社会科学普及工作协会会长。有诗文 20 多次获省市征文奖，有诗文 95 篇（首）入选《岁月如歌——庆祝新中国成立六十周年大型报告文学征文作品选》等 46 种诗文选集，已出版诗集《神秘的山》《邓维善短诗选》（中英文对照）、《敲月亮》、文学评论与报告文学合集《理性的诗意》。

揭开"清远生态诗歌"的面纱

马　忠

马　忠

"清远有青山绿水，绿，很贴合清远的特质，清新之地，回响悠远。"当年，著名诗人汪国真这样称赞清远的魅力。

地处粤北的清远，是一座绿色的城市，也是一个诗歌之城。唐代大文豪韩愈、刘禹锡，宋代大诗人苏东坡等都和清远结下了很深的缘分，留下许多传世诗篇。清远历代都有诗歌结社的风气。建市同一年成立的清远诗社是"全国十佳诗社"。清远诗歌的独特之处在于，清远一直有乡土诗歌的传统，并获得"中国乡土诗城"的称号。作为广东省面积最大的地级市，清远除了拥有超大面积外，还山清水秀。从禀赋资源角度来看，清远最具优势的是生态；从品牌资源角度来看，清远最喊得响的是生态；从战略资源角度来看，清远最有潜力的也是生态。在全国风生水起的生态诗歌，就源于这一得天独厚的优势。

"清远生态诗歌"作为一个独特的地域文学形态和现象正在引起文学界和社会的广泛关注和反响。

"清远生态诗歌"的出现

2003 年南方发生"非典"，给正处于探求新文学路向的诗人华海以极大的触动。他的写作由此开始转向"生态"。"新世纪前后中国严峻的生态现状和日益迫近的'现代化问题'是我内心向生态转向的现实动因。"于是，他提出了"生态诗歌"这一概念。

众所周知，中国生态文学萌生于20世纪80年代初，后逐步成熟起来。生态文学兴起之际，首当其冲的是报告文学，随后才出现了小说、戏剧影视、散文等多种形式。但诗歌相对比较滞后，且呈现零散化的状态。因此，清远在2003年提出"生态诗歌"的概念，不仅有艺术意味，还有政治高度，无疑走在全国前列。

华海既是生态诗歌的倡导者，又是生态诗歌的践行者和推动者。他一方面从事生态诗歌的写作，一方面在广泛搜集生态诗文本的基础上，开始生态诗歌研究，在《诗刊》《作品》《长城》等刊物重点评论生态诗歌。2003年至2006年间，华海在《清远日报》开设生态诗赏读专栏，集中推介、评论生态诗歌，基本上每周一期，每期评论一首。陆续评介、推荐了沈河、徐书遐、南蛮玉、巫嘎（陈小三）、波眠等100多位诗人的原生生态诗创作。在专栏文章基础上，2005年12月他出版了国内第一部生态诗歌评论集《当代生态诗歌》。

不仅如此，华海还利用公暇时间广为布道，到广州、江苏等地作专题讲学，甚至为梁军博士、梅真硕士撰写论文提供专业指导，团结带领一班"同道"为生态诗"鼓与呼"，为生态诗的发展浇花培土。在华海的倡导和影响下，清远逐步形成了一个"生态诗群"，主要有华海、唐德亮、黄海凤、刘顺涛、唐小桃、曾新友、成春、杨振林、徐润、可月、邓维善、李衔夏、罗燕廷等诗人，并由此辐射到全国，对我国当代生态诗的创作和研究起到了推动作用，引起国内外学界和传媒的关注，被著名生态文学专家、厦门大学教授王诺称为"清远现象"。2008年5月18日，"生态与诗歌暨华海生态诗歌国际学术研讨会"在清远举行，来自国内外的数十名专家、学者，对华海及"清远生态诗歌"创作和研究给予了很高评价。

清远生态诗歌现象形成原因固然是多方面的。归根结底，还是现实发展的呼唤与内在需要。尤其是党的十八大以来，"绿水青山就是金山银山"的理念深入人心，清远广大作家们在文学创作中表现出了强烈的生态意识。而社会对自然生态的关注和投入也超过以往任何历史时期，大大助推了"清远生态诗歌"的蓬勃发展。

"清远生态诗歌"的主张

一个时代应该有一个时代的主题，随着生态时代的到来，在世界性生态危机的逼迫下我们有必要重新审视文学创作中的"大我"与"小我"以及二者的关系，作家应该将"小我"的个人体验与生态责任、自然关怀的"大我"相结合，为揭示生态危机的深层文化根源，实现万物和生共荣的高度文明做出极积的思考。

在我国生态诗歌研究还十分薄弱的情况下，华海做了大量文本搜集、整理、推介和评论工作，在某种程度上是一种开拓性的工作。虽然他还没有建构完整的生态诗学体系，但已逐步形成了自己的生态诗观。他在《当代生态诗歌》的序言中说："作为一种工业时代孕生的但又批判它的积习的当代生态诗歌，以一种崭新的生态文明观作为思想基石，以其批判性、体验性、梦想性介入人与自然和谐关系的重构，并极为尊重诗歌艺术本身的生态多样性。"

与以往那些以"人类中心主义"为核心、以人的利益为唯一价值取向、以自然为表现人的工具的诗歌有本质的不同，华海倡导的"生态诗歌"是把人放在整个生态系统一员的位置，从"生命共同体"互为依存和影响的角度来体验和感受自然，以对灵魂的反思和生命的体验来调整人与自然日益紧张的关系，借助诗歌语言的梦想回到自然，并重构自然与人的和谐关系。

"生态诗歌"的内涵，经历了一个逐步发展与丰富的过程。随着对

"生态诗歌"的探索和实践，诗人进一步丰富了"生态诗歌"主张的文本内涵和文学本质。在2008年2月出版的《生态诗境》一书中，华海进一步指出："生态诗歌不是简单的生态加诗歌，我认为生态诗歌探索的关键是生态题材和生态思想的诗歌'内化'，它首先是诗歌，而且是一种体现生态美学追求的创新的诗歌。"他还认为，"生态诗歌可以从正题和反题两个侧面展开，它既能发挥危机警醒、现实批判的作用，又能引领人们寻找正在消失的生态美，特别是对于启悟人们重回自然的怀抱、体验自然的整体性和神秘性，恢复人的想象力和审美能力，再造人与自然和谐、'天人合一'审美境界具有独特的意义"。对于生态诗歌的精神价值和诗学价值，华海特别强调："生态诗人应致力于新的生态诗意的发现，找到独到的生态诗语，创造生态诗歌的艺术形式，形成有别于其他诗歌的新的诗体，即从生态思想到生态审美、生态诗歌特性、生态诗歌语言体式整体创新的当代汉语诗歌。"

2021年4月《星星》诗歌理论版"新时代诗观察"栏目重磅推出华海的《生态诗学初探》，在这篇近万言的文中作者提出了"生态诗歌的地域性"。他认为，诗歌中的生态关系，是从地域感的建立开始的。生态诗人要守住一个地方或找到一个地方来写作。"因为这个地方是诗人找到的心灵安顿之所，这是安身立命之地，是容得下肉身放得下灵魂的'道场'，也是生态写作的源泉。""生态诗歌以语言回到生命的'在场'，回到真实的存在，在具体的地点和场景触及人的感觉和自然之微妙。"

"大我"的命运决定着无数"小我"的命运。华海关于"生态诗歌"的主张，成为清远生态诗群的重要诗学主张和创作活动的精神指导，对生态诗的本体发展和文本实践进行了理论性的建构。他的这些主张，不仅是对于文体意义的突破，而上升到了关于写作者情怀和境界的认识，还可以以此实现生态诗的突破，更快地成长成熟。更为重要的是，"生态诗歌"跳出了"文体"和"身份"的层面，为诗歌提供了一种新的写作维度和精神走向，拓展了诗歌创作的疆域和视野，为作者提供了指引性力量，成为一种生态诗创作和诗歌创作可以共同遵守的诗学观念。

"清远生态诗歌"的行动

以华海为代表、清远诗社社员为主力的清远生态诗歌写作空前活跃，吸引了一大批诗人加入生态诗写作的行列，给生态诗歌创作队伍输入了新鲜血液，形成了生态文学中一道独特的景观。

首先，是"清远生态诗歌"的全面出击。"清远生态诗歌"频频见之于全国各大媒体、诗刊杂志，其中不乏《诗刊》《星星》《诗潮》《扬子江》《绿风》《青年文学》《作品》《草原》《中华诗词》《中华辞赋》等纯文学刊物，也有《人民日报》《光明日报》《工人日报》《南方日报》等重要报纸副刊和中国诗歌网等，同时还入选《百年新诗百首解读》《新诗排行榜》及全国年度诗选。据不完全统计，2005年至今，仅华海一人就创作并发表生态诗歌2000多首。

其次，是文学报刊或者专栏或者专辑推介。如《文艺报》分别在2020年12月11日，2021年2月10日、3月12日、6月11日分别以半版和整版篇幅发表"写清远"的诗歌和评论；《中国自然资源报》分别在2020年12月23日，2021年1月7日、2月1日、4月12日以半版篇幅发表"清远生态诗歌"；《心潮诗诗》2021年第三期和第九期分两期发表"写清远"的诗歌；《中国绿色时报》则开设"绿色的城 绿色的诗"分12期专题刊发由清远诗社组稿的生态诗文。

再次，是结集出版生态文学专著。近三十年来，清远出版的生态诗集有《华海生态诗抄》《静福山》《华海微诗选》《蓝之岛》《清远蓝》《著名诗人写清远》《庚子生态诗歌选本》，生态散文诗集《红胸鸟》，生态随笔集《一声鸟鸣》，生态评论集《当代生态诗歌》《生态诗境》《敞开绿色之门》《生态诗歌研究论文选》《生态诗歌及评论集》等。由清远诗社选编的《四海诗萃》《著名诗人写清远》等多部生态与绿色诗歌合集均由出版社出版。2021年，由清远市作家协会选编的《生态清远文学丛书》六卷本问世，涵盖诗歌、散文、评论和纪实，集中展现了清远生态文学的最新成果和创作实力。

最后，是举办相关诗歌节、研讨会。2014年至今，清远已连续举办八届诗歌节，首届清远诗歌节围绕"寻找故乡"和"微时代的诗歌"进行探讨，第二届清远诗歌节论道山水田园诗歌，第三届清远诗歌节是"刘禹锡给当代诗歌写作的启示"学术研讨，第四届清远诗歌节以"诗意端午·丝路洸阳"为主题，第五届清远诗歌节聚焦"诗歌中的生态焦虑和梦想"，第六届清远诗歌节暨国际生态诗歌笔会为"山水清音 澄明之境"生态诗歌研讨，第七届清远诗歌节以"风情壮瑶，边城氧吧"为主题，第八届清远诗歌节是"贤令芳踪 诗香岭南"。每届一个主题，邀请来自全国各地知名诗人、学者参与，影响越来越大。

目前，清远市以生态诗歌创作成绩突出的有唐德亮、唐小桃、李衔夏、苏奇飞、罗燕廷、严正、覃森生、韩学早、可月、曾新友、申文等，近期生态诗歌入选《诗刊》生态诗专辑和《庚子生态诗歌选本》等。

"清远生态诗歌"的特征

"清远生态诗歌"有别于其他生态诗歌的最显著的艺术特征是具有鲜明的本土性。诗人们写于斯、咏于斯的生态诗歌，既有植根于清远深厚的本土特色文化营养，又有生态价值观及生态文明建设要求的创作思想指导，促进其主题呈现浓郁的本土生态情结。其审美内涵与美学特征主要体现在四个方面：

一是突显本土特色生态文化格调。清远生态诗歌思想着力表达对本土区域生活的关注、热爱与向往，创作主题上突显出浓厚的区域性文化特点，本土特色浓郁。主调是肯定本土自然生态价值，歌咏本土生态生存环境的美好。不少清远生态诗作着力呈现美好的特定本土生态环境。或赞誉原生态生存环境，或歌咏清远人民打造的人工生态环境。也有描绘清远民俗生态生活文化的丰厚及美好。

二是生态体验型诗人形象。清远本土诗人的任一诗作都是亲身生态体验后的镜像创作，由心而发，由历而生，或现亲眼所见之境，或表参与过的生态文化体验，均直接或间接地映现出生态体验型诗人形象。特别值得一提的是，诸多诗人善用第一、第二人称的指代法称说，饱含对生态万象最深情的体验，并与之感同身受。在清远本土诗作中，生态体验型诗人形象是通例。可以说，其任何一首诗作都直接或间接地隐现出一位与生态世界同歌同泣、物我相融的诗人形象。

三是生态梦想性未来建构。清远本土生态诗人通常都会在诗作中传达生态梦想性世界的美好及向往之情，建构生态梦想性美好未来。对此，诗家们表达方法不一。或直接描绘，或推导暗示。或喜剧性高调展望，憧憬寄托。或悲剧性反思诉求。

四是可持续地域生态发展观。深情栖居于"山水名城，岭南绿都"的诗人在诗歌中倡导崇尚高尚的生态情操及生态精神，与自然构建生命共同体，再造"天人合一"的本土生态美世界，走可持续发展道路，建设与自然和谐共荣的生态型、环保型的高品位生存现实世界。

总之，"清远生态诗歌"以生态价值观、生态文明观为创作思想基础和价值衡量标准，以独特诗性语言构筑本土生态主题，追求"接地性"——接自然生态、地理环境之地，接生产生活之地，呼吁"本于心"的新时代生态精神重塑，探索生态自由与人文自由融合相谐的至善生存格局。代表作品有《静福山》《蓝之岛》等。

在生态文明作为基本国策被强调的今天，清远成为吹响生态诗歌集结号的地方。通过各种策划、期刊行为和文学活动，助推"清远生态诗歌"的崛起和走向公共话语领域，不仅繁荣和发展了生态诗的创作，而且以一种隐匿的外部力量无形中规约了生态诗的实际创作。"清远生态诗歌"是生态文明在地方的生动实践，不仅提升了清远这座"山水名城"的精神气质，也为清远人提供了在此处的"诗意栖居"。

当然，"清远生态诗歌"创作虽然取得了一定的成绩，创作整体上呈现良好发展态势，同时也存在一些不足。如：过分拘泥于地域性写作，创作形式相对单一，对生态美学认识不足，缺乏对生态文明的深层思考。尤其面对中国生态文明建设的生动实践和丰富成果，生态诗歌如何打开新视野，在一个转型巨变的时代塑造和改变时代精神，成为构建人类命运共同体的重要力量等方面，还需要进一步探索。

马忠：文艺评论家，二级作家。出版《站在低处说话》《儿童文学现象观察》《文学批评三种"病"》等著作十几部，现居清远。

从行为准则到法律制度，低碳绿色生活理念的具体化，"清远绿色生活十二条"倡导的生活方式，践行着生态文明，影响着清远人的观念和生活——

樊沃夫

生态文明绿色生活的清远实践

清远日报记者　樊沃夫　朱文华

朱文华

践行低碳绿色生活，清远不断提速。

党的十八大以来，生态文明和绿色低碳生活理念逐渐深入人心。在清远，随着"清远文明十二条""清远绿色生活十二条""清远乡村文明十二条"先后出台，特别是 2020 年正式实施的《清远市文明行为促进条例》，将"清远绿色生活十二条"等列入其中，一年来，从日常的行为准则到落实为法律制度，绿色生活方式深入影响着清远人的思想观念和日常行为。

"清远绿色生活十二条"发布
低碳绿色生活理念具体化

怎样践行绿色生活？2018 年 9 月 11 日，"低碳生活我先行"启动仪式现场，经前期市民网络投票，立足清远实际的"清远绿色生活十二条"正式发布。

"拒绝使用一次性木筷，尽量少用一次性物品""随手关灯，节约用电""提倡步行，骑单车，尽量乘坐公共汽车""垃圾分类处理"……12 条通俗易懂的倡议，从细微处着眼，确立了具体的低碳绿色生活准则，紧扣的是每一位清远市民的生活细节和行为指南。

"绿色生活就是自然的生活、健康的生活、节俭的生活、环保的生活。"在发布现场，市委宣传部副部长、市文明办主任戚华海为"绿色生活"做了通俗易懂的定义。

实际上，在"清远绿色生活十二条"正式推出前，清远社会各界已经参与到传播、推广和践行低碳绿色生活方式的潮流中。清城区多个小区通过政府购买服务，引入智能垃圾分类回收系统，引导居民主动进行垃圾分类；来自多个院校的"循环达人"，用创意设计，将弃置无用的垃圾变成美观实用的家居用品、时髦服装；"光盘行动"在清远长期开展。

有政协委员认为，十二条的内容，多数是长期倡导，已经具备推广基础，将其作为绿色生活的行为指南，将进一步推动城市文明的发展，激发市民践行低碳绿色生活的热情。

"清远绿色生活十二条"甫一推出，即受到清远各界关注并响应。人大代表、政协委员、志愿者、高校师生、中小学师生、机关和企事业单位工作人员、普通市民纷纷参与，践行低碳绿色的生活方式。很多长期身体力行践行低碳绿色环保生活方式的"达人"也"浮出水面"，通过媒体、朋友圈分享自己践行的"绿色生活"。

纳入地方性法规
从行为准则到法律制度

"清远绿色生活十二条"的出台，正是源于清远多年的文明城市建设的生动实践。

2017年5月，清远推出"清远文明十二条"，将日常生活中的文明约定，通过市民的深入讨论和投票，确定为清远人的文明生活准则，为市民文明生活确立了边界，为清远城市文明的培育施肥浇水。

此后，清远相继推出了"清远乡村生活十二条""清远绿色生活十二条"等文明准则，并形成自发践行的社会合力，倡导低碳生活，助力清远建设绿色低碳、文明的城市，这一进程随着《清远市文明行为促进条例》的正式实施而进一步提速。

随着清远创建全国文明城市进程的深入推进，制定出台文明行为促进的地方性法规，把文明城市的要求体现到法规中，并由法规强制保障实施，已成为清远城市文明建设的迫切需求。

作为清远市第五部实体性地方法规，《清远市文明行为促进条例》（以下简称《条例》）于2021年1月1日正式实施。《条例》对倡导的文明行为、重点治理的不文明行为进行了明确和细化，特别是明确提出："鼓励公民自觉遵守'清远文明十二条''清远绿色生活十二条''清远乡村文明十二条'等文明公约"。

在具体条款中，《条例》将低碳绿色生活准则纳入。如《条例》第六条"公民应当自觉遵守下列文明行为规范"；第三点"节约粮食、水、电、气等资源，养成珍惜食物反对浪费的用餐习惯，不剩菜、不剩饭或者剩食打包"。第八条"倡导下列卫生健康、绿色低碳的文明行为"第一点"讲究饮食卫生，聚餐时使用公筷公勺、双筷双勺，或者实行分餐制"；第三点"在日常消费中选购绿色、环保、可循环产品，减少使用塑料袋和一次性制品"；第四点"优先选择步行、骑自行车或者乘坐公共交通工具出行"；第八点"其他卫生健康、绿色低碳的文明行为"；等等。

市文明办发言人表示，《条例》将文明城市创建相关要求和创建工作中的成功做法以地方性法规形式加以固化，有针对性地界定和规范公民不文明行为，使广大群众知差距、明是非、重细节、强素质，为清远文明创建工作提供有力的法律支撑，在提升公民文明素养和社会文明程度方面起到了重要引导作用，实现文明城市创建常态化、制度化、法治化。

多年传播、宣传、践行
低碳绿色生活已成清远新时尚

一系列传播、践行"清远绿色生活十二条"的活动在清远持续开展。除了通过各类媒介宣传"清远绿色生活十二条"外,清远还将其与运动、健康、时尚的生活方式紧密结合。

2018年11月11日,清远首届公益环保健康跑举行。参与的市民手拿垃圾袋,在慢跑的过程中细心留意飞来湖公园和沿途绿化带,将发现的烟头、塑料瓶、垃圾等物品装入垃圾袋中。

2019年3月,清远"绿色生活十二条"暨"志愿伴我行"主题践行活动在万达广场举行,学生穿着由塑料袋、旧报纸、旧蚊帐做成的时装在台上走秀时,现场观众及行人都驻足欣赏。

旧蚊帐做成的裙子点缀上彩色碎片活泼跳动,蓝色和紫色棉纱做成的上衣和裙子格外青春,最让人眼前一亮的当属由书法草稿纸制作而成的套裙……勤俭、节约、低碳、环保已经成为清远流行的新时尚。

2019年6月,"清远绿色生活十二条"主题动漫正式发布,"蓝蓝"和"飞飞"两个卡通形象为"清远绿色生活十二条"代言,通过各种生活场景展现清远绿色生活理念。

清城区洲心街中心小学三年级学生李乐怡,今年被评为清远市新时代好少年。在学校和家庭的熏陶下,李乐怡热衷于环境保护事业,立志做生态文明的践行者。

在学校绿色环保团队的带领下,李乐怡成了学校"绿色环保小组"的主要成员,她在绿色环保课堂里学到了知识,也懂得了回报。她还会带着弟弟一起进行环保活动,培养环保意识,并引导弟弟要垃圾分类。

近年来,清远建立健全制止餐饮浪费长效机制,引导人们践行简约适度生活,拒绝"舌尖上的浪费";开展生态环保意识宣传教育,全面推进垃圾分类，大力倡导低碳、循环、可持续理念，践行低碳绿色方式。

无论是消费者、餐馆的从业人员，还是市民，都已经认识到珍惜粮食的必要性，文明就餐、拒绝浪费蔚然成风。"按量点菜、剩菜打包"得到推广。打包不再是件丢脸面的事，反而有一种新时代的生活时尚。

"凭光盘换水果"，在省职教城的广东财贸职业学院，2020年开学后，该校积极响应"光盘行动"倡议，举行"节约粮食，光盘行动"活动，学生只要做到就餐"光盘"，就可以领取"光盘行动礼品兑换券"兑换水果。

清远将垃圾分类意识"植入"日常生活。各县市区通过组织党员干部带头学、带头做，以多种方式呼吁广大群众共同参与垃圾分类，改善生活环境，节约利用资源，践行绿色环保的生活方式。随着《清远市城市生活垃圾管理条例》这部新法规的实施，城市生活垃圾分类制度也成为法律规范。

由"清远绿色生活十二条"所确立的低碳绿色生活方式，伴随着文明城市创建和社会治理的科学化和精细化，正在清远大地落地生根，开花结果。

一个融合了人文的生态造物 一个深入进生活的人文触点

茉 莉

——清远江心岛对本土生活方式的营造与想象

茉 莉

生态、人文与生活三者融合的载体只能是人。

而人的存在，让生态场景、人文空间与生活方式具有了文化的意义。

以清远北江的江心岛为例，江心岛是一个新生的生态造物、一个链接社群的人文触点，一个深入日常生活的目的地。

江心岛本是河沙天然冲击而成的沙洲，2012 年始有人工的规模，2014 年，作为景观构筑物的郭南斯艺术馆落成。三年后，倡导全民阅读的城市公共书房一默书房入驻，又二年，开设国学公益课的书院岛上书院成立，2021 年，"斯文在兹"的中华善本馆入驻。

至此，一个以倡导全民阅读、传承弘扬优秀传统文化、原典研读的书院功能初成。

在这些陆续开阔的公共空间里，有读书会、书香节、朗诵之夜、自然学堂、清远生态诗歌节、24 节气茶席、国学公益课、原典研读等等，一系列文化活动的营造让岛上的建筑呈现出有机的空间状态，而不是一个附加的俯视我们的空间。

因为有读者，有诗人，有朗诵者，有哲学家，有志愿者，有来来往往的人的参与，一个可感知的空间和小岛一起构成了一个整体的构想的空间。

也因此，小岛、小岛上的生态、空间、来往的人、人和人之间具有了触达心灵的端口。

绿意盎然的江心小岛，因此和人文一起，构成一种文化存在，嵌入我们的内心，连接了我们的行为习惯。

空间因文化而温润，文化因生态而更具生机，一种崭新生态人文主义的样式正在小岛上长成。

让人文构筑生态　让生态嵌进人文

江心岛，离不开它成长的清远文化生态。

而考察历史和文化的生态，离不开时间的维度。跟北江的水流一样奔腾往前的历史里，到过这里的有韩愈、刘禹锡、米芾、苏东坡、汤显祖、袁枚、张载等等的身影。也有独特的道教遗存、壮瑶文化、英石文化。

江心岛只是清远近两万平方公里的土地上，一个微小的文化地理符号，因其具有新鲜而积极的样本意义，这座沉寂多年的沙洲，才重新被人看见。从无到有，江心岛成了一个起点，串联起生态、人文与生活的历史，融合清远的过去和当下。

地处中原文化与岭南文化的连接点，南北文化在此汇聚、交融。

清远的文化版图可以概括为：两条文化走廊（北江文化走廊、湟川文化走廊），三种文化形态（贬官文化在内的历史文化、儒释道合一的宗教文化、壮瑶为主的少数民族文化），三个文化区块（清远文化区块、英德文化区块、连阳文化区块）。

著名生态诗人、清远文化学者华海对本地文化版图"二三三"总结，是理解江心岛的理论起点。

一个江心荒岛，在顺应自然状态的修复利用后，因市民的期待和善政的共同作用雕琢而成。

理解江心岛的样本，要从时间的维度、清远文脉，文化的母体和文化的存量来梳理它的融合机制。

北江是清远的母亲河，也是中国地理和文化意义上的交通要道。

韩愈、刘禹锡越南岭南麓，先后进入阳山和连州，任县令和刺史，在北江上游留下了系列的文化遗存。苏东坡以谪官身份抵达清远，在北江中游的英州流连，之后往峡山寺拜访僧侣，落脚点就是距今天的江心岛十数公里之远。站在江心，时常不免让人发出"今月曾经照古人"的感慨！

"清远的每一草都有慰疗的作用。"无论是历史上贬官文化，还是今天"珠三角的后花园"的定位，都让清远这片山水自带疗愈基因。

作为广东最大的地级市，在其辽阔的山川河流里，从古至今都是人们主动或被动"寻求文化慰藉"时的目的地之一。

今天的江心岛，位于江心，一条200米左右的花桥让岛自外于城市，自外于喧嚣，成为一种暂时疏离现实而往理想彼岸的浪漫意象。

它也因此改变了清远人观看北江的站位，从江畔移到江心，更深地深入自然，而随着这种站立点的改变，人对自然的感受也发生变化。地理的位移让人们重新凝视自然的同时，也观照自我。

如今的江心岛可观可坐、可唱可读，可默可诵，生态和人文相互构筑，推动了市民深入自然，回溯历史，了解文官、文豪在清远书写的历史文化的同时，也传承了清远的历史文脉。

江心岛因此成了一个融合了人文历史与生态现实的交织点。

江心自此成为怀古的新基点，深入自然的新起点，也是回归自我的原点，江心岛也成为新时代的文化建设的城市名片。

江心岛的营造顺应了清远的自然生态与人文历史，清远的生态和人文对江心岛的涵养，更促进了江心岛在增量文化建设上的进程。

从这个维度而言，江心岛的文化建设——无论是一默书房，北江讲堂，岭南书院，还是善本馆，甚至未来的种种文化建构——都可以视作江心岛正以一种整合的"关系思维"，以一种全新的姿态，自觉地承担起生态责任、人文使命与生活审美。

位于清远境内北江下游的生态小岛，因为善政，因为市民的刚需推动，因为社会的协同，因为个体参与，正在成为一个城市人文生活的容器，并以增量的名义，对两大文化走廊、三种文化形态、三个文化片区自觉作出的响应。

这也是一座城市对生态和文化的最大尊重，是一个城市的善治缩影。

人与岛互为文化依靠

无论是从清远的生态地理、人文历史的维度来凝视江心岛，还是以江心岛的建设与人文营造的角度来打量清远的文化版图，我们都会发现，江心岛不只是一座岛，它在日常之上，它是理想之岛，它在虚构之中，它是诗和远方。

将人作为一种尺度，这是江心岛的文化自觉和生活涵养。无论是空间场景设计，还是活动策划，都始终把清远人、来清远的人、往来人的体验放在中心。

江心岛也因其独特的生态气质和文化缘起成为凝聚人的原点。它呈现出的"关联模式"，呈现出的市民文化，以及"诗与远方"所代表的文化共同体的特质。既不同于韩愈、苏东坡名人历史，也不同于壮瑶文化的部落文化。

这是一城人以一座岛屿的方式向本土人文历史的致敬，更是以自觉的文化担当，在清远文化与人文的古今融合处，借力自然生态之美，依靠清远人文涵养，营造岛上美好生活的新图景，以为生活中的人提供容

100

纳身心之所。让空间更具生机，让生态更具意义。

在城市公共书房一默书房入驻之前，人们对江心岛的文化构建是原子化的，是"落花流水两无情"的随意状态。

那时的江心岛只有地理属性。它属于蜿蜒的北江流域中，2 万平方公里版图上纯生态的一部分。

它一直在等待人的参与、人的唤醒。当有了人的使用，文化的充盈，江心岛和江心的文化生活开始生动起来。

基于文明城市的创建，因为市民的需求，一默书房落户江心岛，它带来的最大变化，不是加大了岛上的人流，而是丰富了人上岛之后的姿态。

这里是 3 岁的小朋友的绘本馆，生态诗人的作品集散地，72 岁的奶奶的人生首秀，全职妈妈柴火油盐外的"诗意"，退休阿姨的"第二自习室"，民谣歌手的舞台……不同人群在这里能找到自己的文化依靠。

从书房里安静的阅读，到诗歌节上纵论生态诗歌的语言，从茶席课上的仪式到国学课温润人心的交流，江心岛改变的不只是生态，还有人的文化姿态。

江心岛因满足市民需求而生，在实践的过程中不断地激发市民和游客需求，然后再不断尝试满足需求的过程。

这种相互激发的过程，催生了江心岛文化生活的多元性。反之，这种多元的文化生活场景也构建了一全新的生活范式，并嵌进了市民、游客的生活。

如何让江心岛文化融入全域的文化肌理？

在这样的文化生态下，人文和岛上榕树的气根一同，深入而舒展地扎在岛上，伸进本地市民乃至异乡者的心田。江心岛重塑文化生活的样式，也让其有了样本的价值。

一座四万平方米的江心小岛能做什么？

也许一百个人有一百个答案，而这本身就是最富有寓意的地方。

让这一切发生的，不只是天然的沙洲，岛上的房子，来往的人，还有空间的生产力，更为重要的是岛和人的共生共存，共同构筑并涵养出文化的栖息地。

江心岛成为许多人的目的地，岛也因此成了一个开放的象征。

从江心的天然沙洲，沉寂的荒岛，到人文生态的文化地标，依托岛上的生态地理，营造出人文高地和"第二自然"，江心岛的样本的确深具现实意义。

当江心岛的文化厚土初成，文化基因深植，人文生态的生命力日益增强，我们需要考量的是：初步建成为人文生活目的地的江心岛，我们该如何延续创新思维，将其同时打造成一个文化的、生活的起点，以更深远地嵌入清远的生态与人文版图？如何通过更多的人文设计，让江心岛文化融入全域的文化肌理？

茉莉：岭南书院（江心岛书院）执行院长。

内转与外拓：生态诗歌的两种纬度

—— 以华海生态诗为例

刘茉琳

西方的工业革命带来的一系列辉煌进步，但这些进步的背后都是人类对自然的无限度的盲目索取，原先的生态平衡遭到不可逆转的破坏之后，人与自然环境的关系已经变成了零和游戏。这是我们今天探讨生态文明，生态诗歌的背景。

20世纪人类有两个伟大的转身，一个是向内转，一个是向外拓。向内转是指通过弗洛伊德的心理分析学我们得以探照人类内心的隐秘世界，并且发现这是一个没有边界的永无止境的探索对象；而向外拓则是指人类经由科学技术的突破，把脚步延伸到了太空。

这两者转向虽然看上去一虚一实，但对于人文学科来讲，都给我们带来了极大的想象空间的拓展，同时也把我们关于人道主义的思考、关于生态环境的反思等等话题引入更开阔的语境中。

其一：向内转

这个向内转，我主要指生态诗的心理维度。不管是人类内心世界的平衡与健康，还是整个宇宙的保护与探索，都是生态的一种纬度。换句话说，今天当我们面对如此之多的心理疾病的时候，也许我们应该反思，所谓心理疾病何尝不是一种仍然是一种机能病态的呈现，而当我们不得

103

不面对宇宙垃圾的时候，我们关于生态关于环境的思考也早就应该面向宇宙。

时间有限，举一个例子，华海的江心岛诗歌系列。在他的江心岛，还有虚构岛系列里，岛既是江心，也是诗人之心。岛这个从自然界而来的地理学概念，在文学中是特殊的意象，在华海的诗歌里则成为意蕴丰富的指涉对象。

《春天的江心岛》在这首诗里，岛承载了诗人的童年与回忆，也许还有一段欲说还休的情愫。

在《今晚，去一个岛上》这是诗里，岛，这是江心岛，这也是虚构之岛。这个岛是实实在在的生态岛的依托，这个岛也是人的内心世界的外化。

诗里写"我的都市很大，容不下你的肉身 / 你的村庄很小，放不下我的灵魂"，我们在这首诗里可以读到一种，诗人的内在与外在的冲突与平衡，读到一种过去与当下的对话与呼应。

再者，宇文所安说"每一个时代都向过去探求，在其中寻觅发现他自己"我们通过观察过去定义自己，更残酷一点说，通过死亡，我们才能定义生命。那回到山水诗，山水里面有中国文人的精神寄托，但是从山水诗到生态诗，这个内核不是单纯的积累，也不是换个外壳，从文言表达变成白话文表达，写风景多美。生态诗需要的是一种现代社会的现代思维。也就是说我强调的是，从山水诗到生态诗，这个创作过程的内在动力是需要发生置换的，这个也是作者要有这种意识，从山水诗汲取资源，但要有内在动力的主动、自觉的置换。核心动力应该是：生态主义是自然中心论的，并以科学为导向。

山水诗展现古人的生活情趣们，追求田园美，也在田园追求种感叹人生境遇，寄托人生情怀。这种语境中，山水诗是一种较为纯粹的外在，古人面对环境是一个他者，是一个对象，现在我们面对环境是进入过、伤害过，距离已经发生了变化，人类这个主体产生了位移。或者说，今天我们面对宇宙，就像当年面对大自然，不曾征服，充满未知与想象。

其二：向外拓，生态诗的宇宙边界

在生态诗歌创作中，华海的诗歌展现出来的一直有一种要外拓的意识与精神，比如他写喜马拉雅与西北高原的组诗，更典型的当然就是最近的宇宙组诗。我们的生态诗写作中，很多时候其实是一种人文学者的情怀的舒展。宇宙很大，大到让我们无限孤寂；但同时也充满无限可能，让我们在想象中不再孤独。

这种延伸到宇宙的生态诗歌的审美，也许有涉及两个问题，一个是审美的功利性，一个是审美与科学性。

首先，当我们说"美得像画一样"或者"美得像花一样"，这两句话其实已经是两种价值取向。有时候人类本末倒置，忘记了自然才是美的起点，用爱默生的话来说："大自然满足了人类的一个崇高需求，即爱美之心。"我们如果从这样的审美起点出发，我们也就可以理解在生态诗歌里，我们应该追求的是一种无功利性。其实如果上溯到18世纪以来审美概念的发展，尤其是康德对审美概念的经典论述，我们就知道康德概念的核心是将审美体验解释为一种由对日常功利性关系的隔离而导致的"无利害性"。我觉得这既是审美的核心把握，这也是生态美学的最高境界。

其次，关于生态诗往宇宙维度的开发，我觉得在科幻世界里，有硬科幻和软科幻的区别。硬科幻需要科学知识的支撑，物理学科的支撑；软科幻更多的就是天马行空的想象，只要有一个较为合理的设定就可以。那我想移植一下这个表达方式，我们的生态诗，也可以是硬生态与软生态。但总体而言，都是指向一种诗人博大的对于自然、生命、宇宙的敬畏，同时是我们眼界、听力、想象、与心力的延伸。就像三星堆里的纵目面具，这是人类一直以来的一种渴求。如果说地球已经在零和游戏中岌岌可危，面对宇宙，我们需要及早地介入生态意识，才会有未来。

最后我想说，以华海这样的优秀的生态诗人为例，我们的生态诗可以有两种维度：低头观照内心，抬头仰望星空。

刘茉琳：广东技术师范大学文学与传媒学院副院长、副教授。中国小说协会理事，中国高等院校影视学会媒介文化专业委员会理事，广东省作家协会会员，广东省当代文学学会秘书。

用生态文化构建万物从容的生命共同体

田忠辉

田忠辉

随着世界环境保护意识的提高、呼声的强烈，以及诸如日本福岛核泄漏危及人类安全等各种生态事件的频繁出现，特别是 2020 年新冠肺炎疫情的暴发及近期发展，人类越来越感觉到自然与人的关系之密切，感受到生态危机就在身边，人类与自然休戚与共的话题成为人类当下最为关切的话题。如何在生态平衡与环境保护方面做好工作，成为国际世界广泛关注的核心问题，各国之间都在就环境与发展问题展开越来越广泛的对话，并努力寻求着更好的解决问题之道。生态精神，作为生态文化的灵魂，也在各国专家学者们的讨论中不断完善发展，其中以生态精神塑造生态文化，将生态文化落实到人类的日常生活之中，构建万物从容的生命共同体，从哲学、伦理学、自然环境地理、文学等等各个层面展开的讨论，成为最前沿的话题。

一、生态文化构建的样本研究：
中国古代山水田园诗与美国自然文学之比较

美国"自然文学"最早的作品是"呈现自然"，与当下中国的生态文学的"保护自然"内涵不同。事实上，在美国，生态环保意义上的自然写作启动更晚，大概是自《寂静的春天》开始，此前和此后，同样是关注自然，但是其写作指向实际上发生了明显的变化，早期书写自然重在对美国精神的塑造，晚期关注自然重在保护环境。中国古代的田园诗派和山水文学之以田园和自然述说心意，其指向重在借助自然书写抒发创作者的主观心曲。中国古代山水田园诗与美国早期自然文学以及他们后来的自然环境关怀主题的文学的不同在于，他们的文学创作指向纪实性，本质上是一种非虚构写作。特别是早期美国自然文学，其"非虚构"写作的文体特征表现在体裁上，主要包括纪实散文、日记、自传和书信等。中国古代的田园诗、山水诗和当下的生态文学实质上属于"虚构写作"，其文学性更强，体裁以虚构的诗歌文体为主。从背景来说，中国当下的生态文学产生的背景不同于美国自然文学产生的新大陆背景。中国生态文学产生于生态环境保护需求、民族文化资源保护的乡愁书写，以及地方文学寻求发展出路的愿望，大部分生态书写喜欢谈论地方性叙事，因此，中国的生态文学具有更强烈的文学性、地方性和政治性。美国自然文学则更在意荒野性、精神性和纪实性。早期美国自然文学强调精神和地域的独特性，目的在于摆脱欧洲旧大陆的影响，急于形成美国新大陆精神的需要，其文体特征以描述性即非虚构的散文文体为标志，精神上则借助对土地的荒野性的极力描述和张扬取得与新大陆的土地认同，有一种内在的"土地皈依"意识。中国的生态文学在文体上以抒情性即虚构文学文体为主，主要是描述乡愁，回顾、保护和建构青山绿水的自然，恢复旧有的"土地皈依"意识——实质是强烈的民族自尊意识。所以，经由二者的对比，辨清"自然文学"和"生态文学"的概念及其特征，辨清美国"荒野"书写和中国生态文学的"绿水青山"的差别，是我们下面进行比较讨论的前提。

（一）田园诗中的"田园"与美国自然文学中的"自然"的内涵

本文提到的田园诗和山水诗指以谢灵运、陶渊明、王维和孟浩然等为代表的中国中古时代诗人的作品，这些自然山水诗和田园诗以自然为书写对象，从自然之妙和田园隐逸中观照内心，诗作的境界达到了物象与心象的高度融合，成为中国古代文学的奇妙景观。在这类自然和田园书写中，既体现出了自然风光之美、眷顾田园之精神，从而超脱功名俗世所累的境界（也有在政治上避祸的因素在里面），展示了中国古代诗人借助自然，在现实生活中开拓出的另一个精神空间，田园山水诗开拓了生命和生活的另一种路径。美国自然文学是指 18 世纪美国立国以来以"自然"为主题、为内容和为精神反映的一种文学，其风貌更多重在写实层面，其整体指向是要经由对自然荒野的书写，建立区别于欧洲传统的美国新大陆文学，是探索美国精神的体现。

（二）田园诗和美国自然文学的疗愈功能

延续上一点论说的这种美国精神的探索，到了艾默生和梭罗师徒的探索阶段，出现了另一种抵御近代文明的意识，即对快速的工业化的警惕。在艾默生和梭罗的相关哲思中，都提出强化人对内心世界和简朴生活的依存性，提出了不同于现代工业张扬纵欲的回归内心平静生活的诉求。在这一点上，美国自然文学与中国中古时期的自然山水田园诗派有着内在理路的一致性，都试图起到对人的精神发生疗愈的作用，这是自然文学天然所具有的疗愈功能在两国文学中的自觉呈现。

因此，无论是中国中古时代的田园诗，还是美国起于 18 世纪的自然主义文学，尽管他们之间存在着诸多差异，但是在起到对人的疗愈功能方面，是有着一致性的趋向的。这种一致性中的某些元素，比如对自然本性的认识、对自然与人的关系的定位，对自然在人类精神实践中的引发作用和抚慰精神的作用，都有相似的资源可供我们在思考如今的生态文化时予以借鉴。可以说，中国中古时期的山水自然文学、田园文学和美国的自然文学，都可以为我们今天的生态文学提供丰富的文本资源和理论资源。关注和研究这些资源中关于心理的、精神的诸多疗愈元素，并进而发掘其疗愈路径，是我们进行生态文学，尤其是生态精神建构时，应该予以注意和汲取的。

（三）田园诗和美国自然文学的"生命共同体"构建功能

共同体是一个社会学概念，最早是基于人类族群关系和利益关系等介入社会学的，这一概念在人与自然密切相关的今天，介入生态文化与生态文学研究，将会产生创造性的力量。中国中古田园诗和美国自然文学的"生命共同体"构建是值得思索的话题，发掘蕴含在中国古代山水田园文学中的天人互参、天生烝民、桃花源等思想，发掘蕴含在美国自然文学中的荒野精神、以简朴生活抵御工业化对人类精神的侵蚀等等思想遗产，对中西这些思想精神进行整合，提出存在于人类精神领域的"生命共同体"意识，进一步促进用生态文化构建万物从容的生命共同体的观点，是将生态文化与生态文学引向深入的很好的思路，值得深入研究和实践探讨。

二、疫情催促生态精神以生态文化的方式进入日常生活

新冠肺炎疫情还在变化发展中，人类在与新冠肺炎疫情的斗争中依赖的主要是社会组织和科技力量。换一个角度，从生态关注来说，新冠肺炎疫情可以是一种意识上的提醒，它客观上催促人类对生态问题进行更深入的关切、思考，以及提出恰当的策略并采取行动应对。因此，推动生态精神以生态文化的方式快速、全面的进入日常生活，是目前可以实践的，是更深层更基础的工作，对其各个层面的探讨，则是我们作为相关领域理论研究者的使命任务。

（一）生态意识与灾难谕示

池田大作和阿·汤因比在《展望 21 世纪》中说："在现代，灭绝人类生存的不是天灾，而是人灾，这已经是昭然的事实。不，毋宁说科学能够发挥的力量变得如此巨大，以至不可能有不包含人灾因素的天灾。"这是在上一世纪，作为灾难谕示，思想者告诫我们的话，而今，审视新冠肺炎疫情，我们会发现：人们的生态意识往往是在重大的灾难之后获得快速提升的，新冠肺炎疫情的作用相当于灾难谕示。同时，网络快速传播的时代，新冠肺炎疫情用当下真实的现场和真实的数字让灾难给人类造成的影响毕现，其与此前没有如此发达的网络时代相比，灾难的警示作用更直接、更深入骨髓，更加向精神领域渗透，由事实的打击进一步发展为对人类精神的震撼和摧毁。新冠肺炎疫情无疑是一场灾难，引起人类从物质和精神的不同角度深入思考。同时，新冠肺炎疫情更是一次严重警告，抓住这个警告，用人类的精神反思我们过去的所作所为，觉醒并强化生态意识，也许是我们对新冠肺炎疫情的谕示最好的处理，将灾难变成于我们人类有利的提醒，进行生态环境重建和家园重建，是我们应该做、必须做，也是可以做的事情。

（二）疫情对生态精神的催促作用

天人合一，这不仅仅是古代中国人的哲学，世界是有机整体的观念也是古希腊人的思想，正如德国策勒尔在《古希腊哲学史纲》中所说的："一切事物都是有生命的，虽然程度不同，都注入了精神，一个失去了生命本原的自然，在希腊人看来，是不可想象的。"（翁绍军译，山东人民出版社，1992 年第一版第 26 页）。但是，随着近代以来科学技术的飞速发展，导致了人类对自然的破坏速度也同样提升了，工业文明对能源的需求，破坏了自然的节奏，造成了很多环境灾难。灾难除了是由科学过度化，人类以科技之名对自然平衡过度干预造成的之外，还包括人与环境关系处理、人与自然的位置设置等原因造成的世界整体性的破坏，在气候、生态链和生物多样性等方面的失当行为，都造成了灾难的来临。而人类如不尽快地意识到并改变，一当灾难来临的时候，即使意识到了生态平衡造成的问题的重要性，也为时已晚。

这给文学发挥其独特的作用提供了机会，文学的功能恰好在于对人的精神和情感的生发作用，如何发挥文学的这种天然品质，促进生态建设，是值得我们深入探究并付诸实践的问题。其实，中国中古的自然山水田园文学和美国的自然主义文学等早在灾难来临之前就有了各种警告，我们需要做的是结合灾难谕示和生态失衡的爆发点，将文学蕴含的警示功能进一步扩大，更进一步把这种关怀环境的意识扩放出去。创造更多生态关怀的文学产品，对这些产品进行批评和讨论，是在这个历史时刻，精神的、意识的和文学的理论研究者要做的首要任务。这也是清远诗派、清远生态文化建设的样板意义所在。

（三）清远《庚子生态诗歌读本》以生态关怀为核心，继承了中国古代的山水田园诗歌传统

《庚子生态诗歌读本》出版与研讨之快速，提示我们诗歌是迅速落实生态精神的有效的意识形态依赖，这部诗歌选集出版的价值不应仅仅停留在诗歌研究本身，也不应该仅仅停留在生态文学、生态诗歌关注本身，比研讨这部诗歌选集更重要的是思考"什么样的意识形态文本更有利于快速的落实生态精神"。这也是《庚子生态诗歌读本》需要被进一步揭示的价值：就是我们需要以文学的方式，尤其是快速呈现文本的诗歌的方式，将生态精神落实到生态文化之中，也正是在这个意义上，清远生态诗歌、清远生态文学群落的坚持和努力，有了旗帜的意义，有了催醒更多人关注生态文化建构的作用。

清远生态诗歌的领军诗人戚华海先生比较全面地阐述了清远生态诗歌的传统，并将当下的清远生态诗派追溯到清远历史上的山水诗歌创作上去，他说："清远的生态文学不是凭空产生的，它有产生的历史和现实原因。清远从历史上就有山水文学的传统，清远历史上留下的一些诗歌，比如苏东坡的'天开清远峡，地转凝碧湾'，写的就是清远北江的独特景观风貌，表现诗人看到这样的景象产生的一种内心冲动和激情，山水和诗人的心情是凝为一体的。韩愈的《夜宿龙宫滩》中写到'浩浩复汤汤，滩声抑更扬'，这表现的就是湟川——北江的一个支流小北江，诗句表现了湟川的江面上激流涌动，这当中折射出韩愈的一种思乡之情。他从中原来，岭南的山水景象跟北方迥然不同，晚上在船上夜宿龙宫滩，自然就有了乡愁。韩愈在阳山期间，因为所接触到的山水风土与北方不同，对他诗歌形成独特的风格产生了很大的影响。清远山水文学的传统是现代生态诗歌发端的一个历史的渊源。从唐宋到明清，清远这一带都有诗歌集社的传统，就是一帮诗人集成一个诗社，吟咏创作。另外，我看过一些表现峡江的诗歌，大多都跟清远的山水有关，有一种回归自然，远离喧嚣的诗意，这是清远历史上的诗歌一个很重要的特点，而清远的生态诗歌就是在延续这种诗歌血脉，在这个基础上发展起来的。"戚华海先生这段话站在文学史的角度，对清远生态诗歌做了理论总结，是全面准确的，其植根于生态意识的生态文学方向的诗歌创作，是富有创新性的，也有热爱，也有饱满的激情，是值得充分肯定的。不过，历史上清远的山水诗歌与今天的生态诗歌还不完全一样，从面对自然的态度和对自然的书写之中，传统的诗歌重在借助自然抒发情感的指向，将自然作为心象的镜子，自然在诗歌中并不具有主体地位。而在当下清远的生态诗歌创作中，自然或作为主体存在，或作为诗人对话的对体性主体存在，自然本身获得了言说独立性，我把这种特点概括为"自然站出来说话"。应该说当下的清远诗歌创作并不完全与古人一致，而是站在今天的时代，书写今天的故事，具有现实价值和意义，从文学的角度来说，我认为"自然站出来说话"，是清远生态诗歌最大的创造性的体现。当然，挖掘清远诗歌传统中存在的生态意识资源，还是有必要的，那就是传统清远诗歌中有一个"自然的清远"，这里"自然的清远"实际上又是一个"精神的自然"，是指经由古代诗人创造的文本展现的一个脱离开具体物质自然而呈现出来的"精神的自然"，这个"精神的自然"产生于清远"自然"本身，因此更具有本体的意义，它可以作为资源被抽绎出来，成为今天"清远生态诗歌流派"的精神母体，成为我们在生态环境遭遇破坏时刻作为传统乡愁承载物的存在的价值。由此出发，我们可以提出一个围绕诗歌源头探寻的"返回古代清远"的文化寻根活动，从而促进清远文化生态城市建设，进一步做一些综合的文化创意甚至创造活动。

三、生态文明建设中生态文化影响社会实践行为的具体路径

生态精神的探索、生态文化的设计都是停留在观念和理论的层面，关键还是要将生态精神和生态意识落实在日常生活，只有生态文化的日常化、生态文化的景观建设日常化，才是将生态文明扎实落地的实际举措。实践行为更有力量，落到实处才有效力。一方面，生态观念影响人们的日常社会实践行为，另一方面，人们日常社会实践行为的生态意识建设也会反过来塑造生态文化，二者的互动关系中，实践行为具有更强的建构意义，更能够显示人类生活活动的精神——实践本质。

（一）以生态观念的普及推进人类日常生活理念的改变

首先要对生态观念进行合理的建构，这里涉及理论上的合法性问题，需要注意的是：第一，不能把人与自然的关系对立起来，人是自然的一部分；第二，也不能把人与自然放在两不相干的平等地位，事实上，人

与自然中的自然，是"人化的自然"，绝对与人不相关的自然是不存在的。因此要建立政府、民间组织的理论宣传推进机制，利用单位、社团、社区、学校等多种形式的社会组织推进生态观念和生态意识入脑入心，让人人有自觉地生态意识。同时，采用多种形式实现生态观念的现实化，让理念转化为实践。清远市在这方面的建设比较突出，尤其是江心岛、岭南书院和一默书房等文化实体的建设，有效地带动了市民参与生态知识学习和生态文明建设。

（二）以生态制度的规约提升人类日常行为方式的文明水平

建立健全生态制度，运用政府的力量强化其实现，确立必要的法律法规，建设与行政大系统相连接的生态管理制度系统，利用生态制度规约和提升人类日常行为方式，提升人们的生态文明水平。这里一是要进行法制建设，将生态立法、生态普法作为紧迫的工作来抓，尤其是结合本地特色的地方性生态法规建设，一些有资源、有潜力的地方，在这一领域大有可为；二是要采用多种形式，将生态法制建设与人们的日常工作、生活结合起来，结合行政大系统和普遍的社区相关性建立健全运作的机制，要以生态建设"事件"为中心深入工作，克服以生态"文件"宣传为中心的单纯的布置工作。

（三）以生活形态的生态化促进万物共同体意识的形成

社会全方位地向生态文化转化，树立生态时代的概念和意识，在所有的人类生活产品上打上生态文明的印记，将物质文明建设和精神文明建设链接起来，从精神文明的建设到物质文明的建设，树立万物共同体意识。这种万物从容的状态要落实到实体层面，比如前述的清远的江心岛、一默书房、岭南书院等都已颇有气象、成绩斐然。2022 年中国诗歌学会授予清远市全国首个"诗歌之城"的名誉，更是以诗歌和书院为突显特征的清远生态综合建设的标志性成绩。

对清远生态文化建设如何更深地融入国家层面，并具有更加广泛的影响力，我有三个建议：一是在理念上进一步实现地方与国家、世界趋势的融合，将地方视野上升到国家、世界的层面。二是要有更多的、不局限于文化艺术层面的建设实绩，不能仅仅停留在诗歌和书院领域，要由诗歌和书院领军带动文化的综合建设，发掘文化所具有的刺破影响力天花板的作用，实现生态领域的全面建设，特别是要将生态文明建设与地方经济文明建设、政治文明建设衍化、链接，形成同频共振。三是要创造更多标志性成果，并将清远生态文明建设经验推广，使得具有相似特征的其他地方可以模仿学习、参照建设，从而起到生态文明建设的示范性，要由地方性的、特殊性的生态文明建设经验上升为各地方可参照可行动的普遍性的生态文明现实。

总之，生态文明理论和实践建设都需要强化，要突破日常生活观念意识层面理解生态问题，在建立现代生态生活理念方面向世界层面前进。要进一步深入理论探究，向哲学追问生态问题、向伦理学追问生态问题，探讨生态意识如何成为人类道德行为的核心关注，探索促进生态文明精神层面与物质层面的一致性方法，最终实现万物互联互通，用生态文化构建万物从容的生命共同体。

田忠辉：广东财经大学创意文化与创意写作研究中心主任，教授，博士；研究方向：美学、国学、文艺批评。

王晓娜

"润物细无声"：文化助推城市生态文明建设

—— 以清远的生态诗学发展为例

王晓娜

一座城市的发展，城市生态文明体系的构建，需要经济硬实力，也需要文化软实力。在科技迅速发展、环境资源遭遇严重危机的今天，人类如何与自然对话、与万物共处，亟待我们以更大的视野、更开阔的心胸重新审视人与自然万物的关系，摒弃人类中心主义，构建人与自然主体间和谐伦理，从观念到实践，促进城市生态文明建设。

近年来，清远的生态诗学发展蓬勃，成为清远文学的主力和根基。诗人和诗评家们以清远这座生态城市为写作根据地，创作了数量和质量可观的生态诗歌，构建起"传承、共在、建构、传播"的江心岛生态共识，形成清远的生态诗学品牌，以文学的力量引领清远生态文化的发展。例如，岭南书院的建设、绿色生活十二条上升为地方性法规、在城乡推动绿色生活、八届清远生态诗歌节的举办、《生态清远文学丛书》的出版等等，继续为清远打造诗意之城增光增色，已成为令人瞩目的"清远现象"，是清远生态文明建设的优秀成果。

那么，如何推动生态诗学的发展与城市的生态文明建设更深一步联结，如何让生态诗学的成果走出文学圈、惠及老百姓，我想谈谈自己的两点思考，与大家分享交流。

第一，以诗意引领城市文化发展，融生态到城市生活的方方面面。

比如，与老百姓日常行为习惯密切相关的城市标语文化，我们能不能让它们呈现出诗意，体现生态，体现人文关怀呢？标语是时代的产物，是非常重要的社会文化现象，它折射着各个时代政治、文化背景的变化，也是最容易"直抵人心"的一个文化载体。在到处张贴着"禁止停车""禁止吸烟""后果自负""违者罚款"这样的简单粗暴、冷冰冰的标语文化氛围中，我们应该很难感受到一座城市的善意和温柔，这样的标语所带来的政策宣导效果自然也令人生疑，导致的直接后果就是人文生态失衡。语言是有能量的，尤其是标语口号这样最直接最有效的语言载体，我们更不能轻视对它的运用。我们现在常常说"创文"，"文"就是"文明"，而像"禁止吸烟""禁止喧哗""后果自负"这样的标语，已经不能体现时代的进步，不能体现文明的核心意旨，破坏的不仅仅是语言的美感，更是城市的人文生态。所以，怎样从人与自然关系的文学性思考中获得启发，给城市生态文明建设以启示，值得我们进一步思考。比如可以在全社会发起征集体现诗意、生态和人文关怀的标语口号，让诗意充满这座城市的每个角落，让生态文化的内涵真正普及到老百姓的日常生活中。

第二，构建以生态为本的系统思维，推动城市生态文明建设的可持续性发展。随着能源资源、气候变化、温室气体排放等生态环境问题的日益突出，城市经济的发展、人民物质生活水平的提高，新的生态问题势必会不断地凸显出来，这需要我们构建起以生态为本的系统化思维，坚持新时代政治、经济、文化、社会、生态五位一体建设全面推进、协调发展，才能推动城市生态文明的可持续性发展。清远在这些方面的探索和努力是有目共睹的，前文提到的岭南书院的建设、绿色生活十二条上升为地方性法规、在城乡推动绿色生活、生态诗学的发展，以及清远在创文过程中，广泛开展的爱国卫生运动，开展的农村人居环境整治，累计建成的 7000 多个美丽乡村，以及农贸市场和老旧小区改造，大力实施"粤菜师傅""广东技工""南粤家政"三项民生工程等等，都取得了不错的成效。

"润物细无声"，相信在以生态文学为主力的生态文化的潜移默化的影响下，清远这座城市将在生态文明建设之路上走得更远、更宽。

王晓娜：河南巩义人，现居广州。出版编辑，书评人。广东省作家协会会员，广东省秦牧创作研究会会员，《作品》杂志签约评论家。评论、小说、诗歌、散文均有涉猎，以评论为主，作品散见《文艺报》《中华读书报》《中国艺术报》《羊城晚报》《南方日报》《作品》《时代文学》等。供职于羊城晚报出版社，任文编部副主任。

生态文学的审美方式和地域建构

陈　希

陈　希

奔流不息的北江经飞来峡入珠江三角洲平原后地势变得平坦，水面宽阔，流速放缓。漫江碧透，清波流远。"天开清远峡，地转凝碧湾"，苏轼诗句所描绘的，就是坐落于岭南山脉南侧、北江中游的山水名城清远。

清远是广东省地域面积最大的地级市，素有"珠三角后花园"之美誉。北江蜿蜒，穿城而过，而市区北部和东部都有山体相依，地形以山地、丘陵为主，境内峡谷幽深峰林奇特，河流湖泊风情旖旎，呈现出丰富的自然景观。山与水共同形塑了这座城市的根脉，而人文积淀和多样文化的碰撞，赋予她的灵魂和活力。宋之问、张九龄、韩愈、刘禹锡、苏东坡、杨万里、汤显祖、袁枚、翁方纲……他们或以诗词文章，或以道德事功，涵养清远千年文脉，激活清远无限生机。

清香溢远，山明水秀。清远自古就有山水文学传统。新世纪以来，生态诗歌在清远风生水起，清远已成为生态诗歌的"集散中心"，拥有一批以生态诗歌为创作方向的诗人群体。岭南夏季，花果飘香。壬寅七月，中国诗歌学会正式命名清远为首个"中国生态诗歌之城"。生态诗歌是"诗意栖居"的沃厚土壤，清远被命名生态诗歌之城，是由清远的历史人文保护和继承、发展，是清远的山水草木和清远人民生活方式、居住环境的等生态链结，这是生态清远的荣耀，是清远诗人的荣耀，意义非同寻常。

一、以道观物：生态文学的审美方式

生态文学的勃兴，是当前文学创作领域的重要现象，成为中国文学的新生长点，产生了广泛的社会影响。伴随着工业文明的发展，生态环境问题日渐突出，如何正确处理人与自然的关系，生态文学即发轫于此。

生态文学不同于一般意义上的文学，不仅描写"人与自然的关系"，而且要表达"人与自然的关系应该是怎样的"，注重人与自然和谐、美美与共的美学思想，而不是人类中心主义。俄国作家屠格涅夫的散文不能算是生态文学，只能是自然文学：他的作品里，人还是处在中心位置，大自然不过是背景或衬托。

不以人为中心，不把人文作为价值判断的终极尺度，并不意味生态文学蔑视或反人类。恰恰相反，生态的整体利益是人类的根本利益和最高价值。生态文学是一种齐物论，一种整体主义——人与自然是生命共同体。这既与中国传统文化的"天人合一""以道观物"的哲学、美学理念关联，也是本土现实经验的表达，同时富有前沿创新性和世界性意义。

西方最初把人与自然混为一体。古希腊文化的"物活论"，就是把人与自然、思维与存在合为一体。柏拉图的"理念论"中存在人与自然不分的因素，但更多地从认识论角度讲理念是知识的目标，是真理，而不是理念的对象，天人相分。明确天人相分原则的是笛卡尔，黑格尔是集大成者。从此，天人相分思想成为西方在人与自然关系认识上的主流。西方在完成工业革命进入后工业时代，开始重视人与自然的关系，践行生态文明建设。

儒家、道家等都阐述过"天人合一"命题。中国的"天"，不同于西方的"上帝"，而是指自然界及客观规律。"天"有物性的、人性（类人）的和神性的三种指向，物性的天是主要。《老子》言："人法地，地法天，天法道，道法自然"，这里的"天"就是物性的。《论语》谓"天何言哉？四时行焉，百物生焉"，这里的"天"就是类人和神性的。"天人合一"在儒家和道家那里，有不同的指向和意义。

"天人合一"的关键是怎么"合一"，"合一"的内涵和境界是什么。"天人合一"如果仅理解为天作为自然界与人成为整体，那就没有特别的意义和价值，因为人本身就在大自然界之中，来自大自然，最后回归自然，"合一"不需要修行和汇通。

儒家关注现实中的人性，面对价值虚无，认为人性是以天为本，强调真诚，力量由内而发，追求仁爱。而道家关注万事万物背后的存在、超越人之上的"道"，面对的是存在虚无，强调真实，在虚静中觉悟人生。儒家之"天人合一"本质上是指"天人合德"，止于至善。而道家的"天人合一"，实质上是与道冥合、道人合一，追求的境界是"以道观物"。道家以"道"代替"天"，但"道"不等于天地万物和大自然，而是大自然和天地万物的根源。

《庄子·秋水》曰：以道观之，物无贵贱。以物观之，自贵而相贱。如果说儒家思想是以人类为中心，那么道家思想则是非人类中心。道家不以人为中心，不把人文作为价值判断的终极尺度，并不意味着蔑视或反人类。道家强调生态的整体利益，追求人类的根本利益和最高价值。道家思想核心是一种齐物论，一种整体主义——人与自然是生命共同体。

道家的"天人合一""以道观物"揭示生态文化的精髓，与西方生态文明的非人类中心主义具有相通之处，显示了传统的现代性和普适性意义。

二、地域建构：生态文学的岭南表达

岭南清远生态文学起步早，领先全国，而且形成自己的形态和特质。中国生态文学，报告文学表现突出，梁衡、徐刚、李青松的创作引人注目；散文、小说和儿童文学领域也不乏佳作，但诗歌相对比较滞后。而清远早在 2003 年就提出"生态诗歌"的概念。在生态诗人戚华海、唐德亮等的倡引和带动下，崛起并形成了一个影响越来越大的生态诗歌写作群，不仅创作活跃，硕果累累，可圈可点，而且举办生态诗歌节、诗歌奖和理论研讨，有声有色，引人瞩目。

清远生态文学不仅关乎生态，而且还追求一种"美"的境界，并且付诸实践，形成"地域、创作、实践、梦想"四位一体的审美特征。

目前全国生态文学创作，主要有来自国家林草局系统和全国作协系统的作家，他们很少有地理书写，而清远生态文学显示家园意识的地方性创作，建构"中国的瓦尔登湖"。生态创作与生态实践，大多处于相互脱钩的状态，但清远生态文学创作触发于现实问题，与生态环保实践结合，譬如参与江心岛的开发等。这在一定程度改变生态状况，推进城市环保建设，并且改变人们的思维、观念及生活方式，其意义已远远超越文学本身，对于推动可持续发展具有积极作用。

"实践性"是清远生态诗歌的特点。清远作为首座"中国生态诗歌之城"，不是来自于诗人们的虚构和冥想，而是实至名归，是坚持以本地的生态实践和变化为写作基础，致力于表达人与大地重新建立的心灵联系和生命整体场域，向传统古典自然诗歌致敬，继承发展并探寻当代中国生态诗歌前行的路径。

岭南清远生态文学还有一个亮点，就是追求城市生活和景观的诗意。作为广府文化区域组成和广州都市圈城市，清远城乡一体化程度逐渐提高，城市建设日新月异。城市是工业文明和现代科技的产物，面对城市工厂、街道、公园、广场、河流、灯光、展览和科技景观等，清远生态文学敞开怀抱，深入挖掘，进行肯定性抒写，特别留意现代文明和科学技术的发展对于生态保护的重要性，而不是流于简单的对工业文明的归罪和对城市化的批判，显示一种历史理性和新颖开放的现代生态观。

生态清远文学丛书《蓝之岛》《生态清远诗歌集》《生态清远散文集》《绿都之韵》等体现了这种审美特征。华海经历笔架山、静福山和江心岛三个生态诗歌写作阶段。笔架山和静福山不仅仅是写作素材和对象，而且包含着诗人对一个世界的发现、理解和梦想，是文字与自然共构的诗意栖居。江心岛写作侧重于生态诗歌日常化、生态微诗探索、宇宙生态诗探索和诗歌中的地方感重构。岛屿之上，人与岛、树、花、鸟、流水等交相呼应、彼此倾听和对话，"我"与万物融为一体。最近写作聚焦于重回"笔架山"，强化了地方性和生态性，如《笔架山歌行》《笔架山的尺度》《涧溪》《迷路山中》等。同时，也向清远古代山水诗歌的名篇学习，作一些同一主题的现代生态诗重写（以《浈阳峡》《峡山寺》两首的写作为例）。

唐德亮的诗歌由山村转向城市，拓展写作空间。长诗《惊蛰雷》礼赞城市的"现代繁华辉煌"，《市井扫描》《街巷》等意象质朴而灵动，鲜活而内敛，开合有度，诗意盎然。

三、新的起点：从自发走向自觉

清远是我国第一个开创性地擘画并长期致力构建"生态诗歌"的地方文化形象和文化内涵的城市。清远生态文学创作活跃，成绩瞩目，加之多年持续举办了生态文学活动，并且以生态诗歌实践推动生态城市建设，引起国内外诗坛学界的高度关注。清远被命名生态诗歌之城，集中显示清远生态诗歌的特质，展现清远生态文明实践成就，标志着清远生态文学从自发走向自觉。

清远生态文学创作势头迅猛，发展潜力无限。清远生态诗歌，不仅是清远鲜明的文化符号，而且已成为我国地方文化繁荣和发展的清远现象。但任重道远，清远生态文学也有局限性和不足：一是生态文学的辨

124

识度有待加强，审美品质有待提升；二是在开展文学创作的同时，应该加强和注重生态文学理论探索和文学评论工作。绿色之路，前景广阔。生态文学，清香溢远。期待清远生态文学为中国生态文学发展和世界生态文明建设，贡献一份岭南的力量。

陈希：文学博士，评论家、诗人，中山大学中文系教授、博士生导师，主要从事中国现当代文学与文化、比较文学研究。

让"生态之词"充满心灵、人生和世界

——华海《练习一种词的魔法》的生态语言学解读

申文军

申文军

练习一种词的魔法（组诗）

第一首

让一个名词跳起来
跳得比黑颈鹤低一点

让一个动词慢下来
退回绿毛龟的行列

让一个形容词卸下浓妆
露出野地兰的颜值

还有介词、助词、副词、连词、叹词
都在夜晚的咏叹中张开花骨朵的嘴巴

啦……啦…… 啦……啦……啦……

一个词领唱，其他词轻轻跳起来

一支圆舞曲，让所有的词回到一个词

第二首

让一个词降温

从暖冬撤回北极冰川

让另一个词回暖

回到石头和人心，也回到一只受伤的鹤

让一个词明亮

如你穿透和净化雾霾的目光

也让另一个词回头

止步于藏羚羊的雪线

是的，面对破碎的词、冷漠的词

还有一些被弄脏的词……我每天练习一种魔法

练习让一个词归位、安静

让我们和许多消失的生灵住在里面

第三首

我曾为一个破碎的词纠结、苦恼

一个词，怎样回到词里疗伤？
一个词，怎样放走笼中的虎？
一个词，怎样把秋天开成十万亩桂花？
一个词，怎样打开门收留一只流浪的野兔？

还有那些消失的植物、动物身影
如何在一个词里复活？
那些走散的人和灵魂
又如何在一个词的磁性里相认？

后来，我遇到了一个新的词
它从里面敞开绿色的门
于是，我们回到一颗水珠一片心形的绿叶
回到一片森林和一群自由奔跑的麋鹿

一个词，在词的瓷器里跳跃、闪烁

一

《练习一种词的魔法》，是意境和理趣兼具的一组生态哲理诗。说它有意境，因为以生态诗人对自然的体验、感悟的敏感性和独特、非凡的审美能力，他用采撷自大自然生态的灵性、意象，来审视人类的词语，继而对之进行一种生态意义的批判和建构，并把之作为一首诗歌的题材，其成就的生态诗，当然是富有美妙意境的；说其有理趣，是由于其题材的特殊性，关联到生态话语和生态语言观的基本理念，而以艺术形象去表现这种理念，当然是一种理趣了。大家有一个普遍的看法，唐诗善于创造意境，以情景交融为美；宋诗多长于理趣，以理象合一为妙。华海的这三首诗，则可以说取两者之长而熔铸，成为一首情理兼备、意境与理趣交织一体的佳作。这三首诗在他的生态诗中不算代表作，但却是表现他生态语言观、生态诗学语言观乃至于生态文化观的精粹之作，因而，具有别具一格的生态审美和生态批评价值。

在《练习一种词的魔法》这组诗中，诗人显然对人类的用词进行了生态的审视。词是语言的基本单位、细胞，是文化之根，是存在之家的生成所需的结实的灵性之砖。而一个词其内外部的关系，它的内涵、外延，抽象与具象，指称与对象，它的符号学意义，也得由语言去发掘和搭建，往往本身就是"存在的家"！我们现代人和自然的关系处于危机性质的紧张状态中，这是人类中心主义造成的悲剧，是主客二分的哲学理念引导的我们的语言（用词），及其表现的文化态度和实践行为所导致的悲剧。词，因此失去了其"存在之家"的生态性质，我们也因此不仅失去了一种"家园"中的"诗意地栖居"，成为精神上的失去"家园"的流浪者、漂泊者，而且同动植物生存空间被侵害、剥夺一样，也面临着自身身体居所意义上的"家园"失去的危机性。为此，我们用生态意识、生态价值、生态伦理、生态审美，对人类的"词"（用词，语言）进行审视，并对之进行生态性质的再生成、再构建，就成为生态语言（文化）建设题中应有之义，这也是生态文明建设中的重大课题。这一点，已经由生态语言学这门崭新的学科来承担，其实际上也涉及生态思维学、生态行为学的问题。而华海以生态诗歌的形式，非常鲜明地、独到地、深切而发人深省地呼应了这个重大课题。

二

据黄国文《生态语言学的兴起和发展》一文（《外国文学》，2016年第1期）的介绍，生态语言学的"豪根模式"认为，"生态环境是语言发展的基本条件，有了良好的生态环境，语言发展和语言保护就有了基本的保障。因此，语言生态学通过研究向人们呼吁：人类要安家乐业和幸福生活，首先是有生态平衡，生态平衡中的一个基本要素是语言生态平衡。隐喻性质的'豪根模式'也常常被理解为'语言的生态学'（linguisticecology）"。生态语言学的非隐喻的"韩礼德模式"，"则强调语言在各种生态问题中的重要作用，突出语言学家的'社会责任'（socialaccountability），提醒语言学家要记住自己在环境保护方面能做出哪些工作和贡献；韩礼德（Halliday）明确指出，等级主义（classism）、增长主义（growthism）、物种灭绝、污染及其他类似的问题并不只是生物学家和物理学家所要关心的问题，它们也是应用语言学家要关注的问题。由于语言对人类生存的大环境所产生的影响，因此使用什么样的语言就会直接影响人类社会的生态，包括文化生态、社会生态、经济生态、城市生态、文艺生态、教育生态等"。显然，人类正在清理自己"用词"中的反生态、伪生态、非生态的毒素。如果说海德格尔的"认为词与物是共生共显的，天地神人可以在语言中共同显现并聚集"的"词物共生论"和"大道"自然语言观，在现象学存在论哲学层面"重建了语言与世界、语言与存在的源始关联，也把'语言'与'自然'重新联系起来了"（据赵奎英《生态语言观与生态诗学、美学的语言哲学基础建构》，人民出版社，2017年10月）那么，生态语言学，则是在语言学和应用语言学的层面，为生态文化构建和生态文明建设做着自己的努力。而诗人华海在《练习一种词的魔法》这组诗中，正是通过诗歌来进行对人类中心主义词语（用词）的"消毒"工作，因此对这组诗进行一种生态语言学意义上的解读，才能真正深刻地认识到其重要的生态诗学价值。

三

"让一个名词跳起来／跳得比黑颈鹤低一点"，这是组诗第一首的第一句。名词呈现给我们的思维具象往往是静态的（特别是一种性质意义上的静态），然而诗人却要叫它"跳起来"，而且"跳得比黑颈鹤低点"。黑颈鹤是在高原淡水湿地生活的鹤类，是世界上唯一生长、繁殖在高原的鹤，在藏族文化中被称之为"仙鹤""神鸟""吉祥鸟"。黑颈鹤先后被列为中国国家重点保护等级一级；被列为中国濒危动物红皮书濒危等级；被列入《华盛顿公约》濒危等级；被列入《世界自然保护联盟濒危物种红色名录》。诗人选择"黑颈鹤"这一意象，显然是具有浓郁的生态意味的。而第一句诗中的"一个名词"，是一个什么样的名词呢？诗人没有用"全称命题"，显然是引导读者向一种类的特殊性或个别性靠近，那就让我们猜一猜吧。或是"动物"这个词？或是"植物"这个词？或是"人"这个词？或是"社会""精神"两者取一，或是"科技""文化"等等取一？从一个简单而基本的视角而言，这个词的指称对象，无非在宇宙系统、地球自然系统、社会系统、人系统几个方面，这几个方面的存在，其中又衍生多个类系统、类事物，直到某个个体系统、个体事物成为具象内容。那么，一个名词怎样"跳起来"呢？即，怎样"活"起来？就是跳出其抽象性，而呈现其具象性，呈现其具象性所需要的具身性，呈现一种梅洛·庞蒂肉身主体哲学的感觉性、体验性、认知性、审美性、互动性、互生性，这样这个名词（包括动词、形容词）就是一个活生生的具体存在了，而这，就是一种"词"（用词）的生态性存在。这里，名词——一种语言符号的静止性存在，在思维中就运动起来，这就是我们的"用词"，它不仅指向思维中的认知、想象之类，也会走向身体的行为、行动和社会沟通、交往、实践之类。那么，诗人为什么又让跳起来的"词"，"跳"得比黑颈鹤低一点呢？这里，我们猜这一个词就是"黑颈鹤"这个词，这个词，我们对它的运用，一是要"跳"出抽象性，实现其具象性、生动性和可体验性、共生性等，以规避抽象思维的缺陷，特别是建立在主客二分基础上的，过度崇尚理性和工具理性思维的缺陷，要回归到丰富的感性基础上，实现理性和感性以及工具理性与价值理性的生态意义上的健康存在。二是在行为、行动和社会沟通、交往、实践方面，"黑颈鹤"这个词（用词）都不应"高于"黑颈鹤这个动物本身，因为不管是抽象还是具象，即使实现了一种生态思维，但只有表现在社会性的话语和行为的生态性上，才会形成一种人的个体性存在和社会性存在的共生的生态健康性。就是说，人的生态性和自然、社会的生态间性互为构成，人的主体性和自然、社会的主体间性互为构成。人类历史迄今为止的事实证明的真理，特别是生态意识、理念和关系哲学、过程哲学和现代量子认知哲学等向我们揭示的真理就是，我们和外部世界是一种互动的构成，在一种互动中，外部事物向我们显现，我们也显现自己的存在，这是一种不可分割而相互依存的共生的显现。这种生态共生的关系性、过程性的存在论，决定了我们个体的福祉和自然生态、社会生态的福祉是一致的，一荣俱荣，一损俱损。因此，我们一定不要"高傲"到可以对自然界（客观世界）为所欲为，它会导致我们自己的存在出现问题。我们必须对世界，对自然万物抱有一种谦逊的、敬畏的态度，哪怕我们通过"词"（用词）的优势具有一种智慧上的优势，但这"词"若"跳"得高于（高傲于）自然万物，其实也辩证地意味着一种更高明的智慧的丧失，那就是生态智慧！正是"黑颈鹤"这个"词"（用词）"高傲"于黑颈鹤本身，才导致其概念框架（认知语言学用语）的具象中，存在着对之猎杀、侵害的具象，就是说，一提"黑颈鹤"这个词，想到的便是对其的猎杀之类，才导致对于黑颈鹤的侵害在"词"（用词）

中不断由个体行为向社会行为扩展，造成其濒于灭绝的命运。而生态多样性的失去以及别的生态问题，对人类到底意味着什么，频繁发生的生态危机和环保事件就是说明，我们面临的生态诅咒和自然的报复，早已经成为文明的巨大困境！对于别的"黑颈鹤"之外的任何一个名词（用词）的"跳起来"，我们都应该有"低于"其所指称事物的生态自觉性，难道不是吗？人类要认识到自己的局限性以及与自然生态的互生性！另外，在中国古代文化中，"名与实"（词－概念，其与物及其运动的关系）的关系问题，认识、逻辑上的"名与实"的关系大多来源于社会、政治领域内事实的抽象与具象，首先在社会、政治治理和运行方面具有重大意义，而这是可以对生态文明建设提供社会治理方面借鉴的。我们在认知上，要尽量追求抽象与具象的符合、具象与统觉的符合，统觉与对象的符合（但这只是一种向符合不断逼近的过程，就像微积分上的极限概念一样，在物理上，便是我们感官不能感知的东西，需要通过科学仪器感知的东西，或通过现在的科学仪器也感知不到的东西，如暗物质），同时也要深刻认识到其互动而相互生成的一面（如量子力学中的科学事实，与观测者是具有生成相关性的），要使之进入一个生态健康性的生态构成中。这照样要求"词"（用词），要"低于"与其所指称的对象事实，否则，"高傲"的态度必定导致认知和实践的"不及"和"过犹不及"，导致《尚书·大禹谟》提出的"允执厥中"的"中庸之道"的失去。我们要按照生态语言学的要求，认真清除"词"（词－语言－文化、用词－言语－活文化）中的毒素，让"词"（用词）保留一种有利于生态健康性的存在。

作为一首排比式结构的诗作，对于第一首诗第一小节的解读，可以使我们领会到该诗基本的运思视角和切入方式。诗人作为生态诗人，显然是通过对于"词与物"的关系的人的用词的体认，在表达一种建立在生态理念和态度基础上的哲思。"让一个动词慢下来／退回绿毛龟的行列"，是对于现代生活中一种快节奏的过度追求物质享受的生活方式的审视，是对于现代性中增长主义、唯发展主义的一种审视，因为这种生活方式和发展方式已经成为一种反生态性质的存在，已经直接威胁到自然生态的平衡，并且造成了自然生态、社会生态和人的生态的生态间性的非健康状态。因此诗人要让"一个动词"慢下来，这个"动词"便是现代生活方式和唯发展主义"促逼"的人和社会的活动、运行的总称，诗人要让其退回"绿毛龟的行列"，绿毛龟在践行一种慢生活，并具有长寿的象征意义，退回"绿毛龟的行列"，其实就是回归一种自然生态的健康性。物欲的满足总是追求一种快节奏，以人生时间段中占有物质财富的多少——这样一种与同类攀比的速度表征一种占有的快感，这并不总是一种福祉的达成，而退回"绿毛龟的行列"，则会使我们回到一种宁静的精神家园，并在和自然生态的和谐共生中，实现一种真正的长远的福祉！在这里，"一个动词"及其用词，显然存在着极为严重的反生态的毒素，诗人通过让其退回"绿毛龟的行列"为其清毒。"让一个形容词卸下浓妆 / 露出野地兰的颜值"，兰花，为花中"四君子"，且名列中国十大名花之四，享有高洁典雅、文静悠远、质朴清幽、"王者之香""花中君子"之美誉，深受孔子和历代文人墨客喜爱，名篇佳句迭出，其形成的兰花文化，在中国花文化历史上源远流长，如，《周易》有言："同心之言，其嗅如兰"；孔子有言："入芷兰之室，久而不闻其香"；苏东坡诗云："春兰如美人，不采羞自献……丹青写真色，欲补离骚传。"显然，兰花，已经被符号化为人文文化的存在，而对其的"形容词"运用，已经成为十分发达、兴盛的存在。作者要让"一个形容词卸下浓妆"，恢复"野地兰的颜值"，本来，兰花本身的"君子人格"的人文性存在，就是一种社会生态所要欲求的，但是，作者似乎看到了在现代生活中，这种花的人文性存在的被异化，"芝兰之室"中的花和人并不是一种人格合一性的存在，特别是在对于自然生态性上，在社会生态的竞争性中，"芝兰"已经成为一种被过度利用的"自我装饰",一种虚假的工具性存在,并因此造成精神生态的某种扭曲。另一面,他也成为人的深层的心理人格和花的人格化存在,在"芝兰之室"中的一种相互间的可怜的对视与抚慰。因此,诗人自然对反生态、非生态的把兰花人文化的"形容词"怀着警醒的介意和审视,要其"卸下"过度的、工具性的人文化的"浓妆",让兰花"露出野地兰的颜值"。这里,彰显着一种追求质朴、简单生活的"梭罗式"的生态人生理念,这是回归自然的一种表现。"还有介词、助词、副词、连词、叹词/都在夜晚的咏叹中张开花骨朵的嘴巴",当作者清除掉名词、动词、形容词这些实词中的反生态、非生态的毒素后,诗人已经完成了自己的语言生态学的诗学批判,于是,虚词们可以登场了,它们基本上应是中性的(除非"用词"过度了),登上反生态的"语言场",便是反生态的,登上生态的"语言场",便是生态的!诗人呼唤它们"都在夜晚的咏叹中张开花骨朵的嘴巴",夜晚,是一种慢节奏的、休眠的存在,其中有新的活力和生命力的恢复和孕育,诗人因此要让虚词们在一种生态性的"场"中和实词们一起咏叹、起舞,"啦……啦……啦……啦……啦……"。于是,一个美妙的情景出现了,"一个词领唱,其他词轻轻跳起来/一支圆舞曲,让所有的词回到一个词",这里显然是对于生态文化建成的一种诗性的状写,这里的"一个词",应该就是"生态"这个"词","生态"这个"词",把所有其他的"词"带领着,让所有的"词(用词)"的"圆舞曲"的文化性、人文性存在,都回到"生态"一词中,都具有生态的性质。

名词、动词、形容词是所有语言中的词的主要分类。名词是对于事物的命名,动词是对于事物的运动(动作)的命名,形容词则是对于事物及其运动的性质、状态、特征或属性等的命名。所有的"词"(用词)都回归"生态"这个词,也就是所有的词皆是具有生态性质的词。生态性质的,即对生态整体有利的,个体(类)生态和生态间性平衡的健康的，生生不息的演化的可持续的。这其中便包含着生态的真善美！所有的词，有了这样的性质，生态思维便会形成，生态语言便会形成，生态和生态文明的话语便会形成。继而，会走向人类的交往、创造，走向社会实践，走向新的社会规则制度，并在一种互动中，再加上科技、生产力的转型，则皆具有生态的性质，即，各类间性关系都具有生态的性质，即，一种平衡的健康的生态间性关系的确立，当此时，难道不意味着生态文明的建成吗？

四

在第二首诗中，诗人继续着自己对"词"（用词）的生态审视、批判和想象。"让一个词降温／从暖冬撤回北极冰川"，这里关注的温室效应和极端天气，所有与此相关的人、物和事的各个"词"，都应该有利于气候温度的下降，有利于极端天气的减少。如此如此，"一个词"却应该"回暖"，这是在关注一种生态间性的健康存在以及动物的权利吧，关键是"回到石头和人心，也回到一只受伤的鹤"，这里，"石头""人心"的意象，是在呼唤一种对坚定、实在、永久的善意的存在的期盼，是在呼唤人心对于冷漠性、残酷性的抛弃，而"回到一只受伤的鹤"，当然是对于动物权利的一种呼唤了。"让一个词明亮／如你穿透和净化雾霾的目光"，这是对于生态的"敞开的真理"的呼唤吧，它当然可以具有"穿透和净化"的生态智慧；而"也让另一个词回头／止步于藏羚羊的雪线"，呼唤人类对大自然过度侵占应该反省而"止步"，应该给藏羚羊等留下生存的空间，我们就以"国家公园"的形式进行吗？即使这样，做好这一点也勉为其难吗？最后诗人，面对"破碎的词""冷漠的词""被弄脏的词"，在练习一种魔法，以便"让一个词归位、安静"，"让我们和许多消失的生灵住在里面"。显然，诗人在审视、批判、消除"词"（用词）的毒素，是为了让人类和大自然共生于一个"词的（生态文化的因而也是诗意的）家园"中。

第三首诗，作者表达了对于"词"的"破碎"的审视，同时，也表达了"遇到了一个新词"的幸福感。这两种感受，都和生态的失去和获得相关联。诗人的生态语言观，显然和海德格尔在《通向语言的途中》一书中论述的语言观相一致。在《语言的本质》一文中，海德格尔阐释了斯蒂芬·格尔奥格《词语》一诗，这首诗的最后两句为："我于是哀伤地学会了弃绝：/ 词语破碎处，无物可存在。"而最后，海德格尔却得出了这样的结论："于是，在与诗意词语的临近关系中有所运思之际，我们就可以猜度说：词语崩解处，一个'存在'出现。"海德格尔认为后者真正达到了语言的本质，因为"……'语言的本质在道说中'。'道说'不是人类的有声语词，而是'存在'本身的'寂静之音'。……当作为物的词语开始'崩解'，当人的语言归于'寂静之音'、归于无声的'道说'时，'存在'本身便'凸显'出来。"（赵奎英，2017 年）而对两种结论的解读，笔者认为，可以采取这样的论证进路，格尔奥格的诗句道出了"词–物"的命名的共生关系，这种命名（文化的生成）一旦失去，无物存在，这种命名关系实际上是一种处于"弃绝"态的词、我的思与物的演进的共生的进行，只是采取了"词–物"的合一视角，因此，词破碎了，无物存在，无存在者存在，词不破损，则物存在，有存在者存在；海德格尔的相反的结论，则道出了"思–'存在'"的显现的共生关系，这种共生关系一旦不存在，"存在"也将失去，这种"存在"实际上是我的思与存在的共生的"显现"，而它要进入人的言说，必然是一种词、我的思、存在的共生的"显现"，而且往往是一种"新词"（新文化）召唤的"我的思"与"物"的共生的"显现"，或者说，这种共同的诞生，需要一种"新词（新的用词）"，对之进行新的命名。我的思，在对词与物的不断的新的发现中实现一种相互的共生。这是"思–存在"的合一视角，词崩解处，则"存在"显现，而词不崩解处，则"存在"遮蔽着，人的语言归于"寂静之音"，便是"词的破碎"而走向"思的寂静之音"，便是走向"道说"，走向思和存在的共生的显现。这种"思－存在"的合一性，是通过思的"新词"（新的命名）的诞生而实现其"词－物"的合一性的。词，有着指称"存在者"和"存在"的双重属性，词的生成，则有着存在的"道说""显现"向思的敞开以及这种敞开向语的"言说"转化的双重属性。词（用词、我的思）与存在、存在者永远是一种共生的延绵的"此在"中的显现，词是对之的言说（我们的用词、我们的思：社会思维、文化的存在）。语言的本质，本质的语言，就在这种两种双重属性中，进行一种词与物（存在）、与我的思、我们的思的演进，进行一种辩证的相互依赖、相克相生的"大道言说"的生生不息的生成。这就是语言的本质的生态性，本质的语言的生态性。

"我曾为一个破碎的词纠结、苦恼"，这句诗，表现了诗人对"破碎的词""被冷漠的词""被弄脏的词"经审视、批判后，产生的一种急迫感。诗人显然要进行一种"新词"的建构。在这里，"一个词"应在这里转喻着词、物、人之间的一种共生的生态性，这种生态性如何生成呢？诗人为此而纠结、苦恼。"一个词，怎样回到词里疗伤？"这种自反性的语言，应该是对"生态"这个词与其所指称的对象的"健康生态"的诉求，自然界，在生态间性上也有平衡性、演化性、健康性的问题，也要对来自于自然界生态的"生态"这个词进行"追问"（海德格尔语），只有这个问题解决后，后面问题的解决才会有坚实的基础。"一个词"，"怎样放走笼中的虎？""怎样把秋天开成十万亩桂花？""怎样打开门收留一只流浪的野兔？"还有，消失的植物、动物的复活，走散的人和灵魂在"词的磁性里"相认等等，这样的问题，只有"词、物、人"之间共生的生态性的生成，才能解决好。这种生态性的生成，便是"我遇到了一个新的词"，便是"它从里面敞开绿色的门"，便是"回到一颗水珠一片心形的绿叶""回到一片森林和一群自由奔跑的麋鹿"的回归自然。诗的最后一句，则在回答，"词、物、人"之间的共生的生态性的生成，则也需要"一个词，在词的瓷器里跳跃、闪烁"，这是对于构建一种生态语言（文化）的呼吁，是对于构建一种中国特色的生态语言（文化）的呼吁，"词的瓷器"，其中的"瓷器"的原型性意象，令人想到，这应该是对古代中国生态语言（文化）的隐喻，如天人合一，便揭示的是一种共生性的同构的生态性存在。"跳跃、闪烁"，则说明了它是富有活力和诗意的。而生态语言（文化）的建构，是生态人格主体生成和生态文明建成重要的支撑和促进力量，也是其重要的组成部分。

最后，想破解一下组诗的标题，其为何题名（命名）为《练习一种词的魔法》呢？练习，说明生态的"词"（用词）还处于发轫期或者不成熟期，特别是和反生态、非生态的"词"（用词）比起来，而生态语言学也正处于这样的时期，所以需要"练习"，使之养成一种思维、话语、行为的习惯才好；为何称其为"一种词的魔法"呢？其实，"魔法"是艺术中常见的用词，而人类最初的艺术和巫术紧密相连，巫术甚至就是艺术的来源之一，"魔法"的力量来源，也有上天的神性的一面……总之，"一种词的魔法"的"命名"，具有深厚的艺术力量的来源，也有着重要的神秘学的来源，而神秘性是大自然展示的本质属性和美感的一个重要方面，"一种词的魔法"和大自然的"魔法"应是息息相通和共生的，这种魔法展示的力量，总归会使我们实现回归自然的梦想，难道不是吗？难道不应该是吗？

五

美国生态诗人特德·休斯有一首诗《乌鸦行猎》，他用乌鸦象征人类，用兔子象征自然界，"为了攻击兔子，乌鸦不断变换'词'的武器，由

'炸弹'换为'猎枪',继而换成了'水库',制造了一幕幕残忍的杀戮场面:'炸开的地堡'、'掉下的椋鸟'和'震裂的水库'。因此,'行猎的乌鸦'象征着战争、死亡;而'兔子'象征着正义和希望。……而'兔子'……并没有容忍人类毫无节制的索取,而是在不断地反抗。最终,'兔子''吃光了乌鸦的词'。表明在这两者的对决中,'兔子',即大自然取得了最终的胜利。可以看出,休斯认为大自然是神圣不可侵犯的,同时也表达了他希望通过诗歌诗使人类觉醒,重建与自然协调关系的愿望"。(马星晨、郭嘉睿,《试解读泰德·休斯动物诗〈乌鸦行猎〉中的两大情结》,《青年文学家》2016年第11期)在这首诗中,休斯赋予乌鸦以人类"用词"的能力,表明诗人具有生态语言学的理念。另一位美国生态诗人默温,也具有鲜明的生态语言观,他主要针对诗人对自然的体验而言,"在寂静无声大自然中,诗人可以获得灵感,找到和自然的最亲密关系。诗人和自然的关系,会促使他探索自然的神秘和奇迹,从而激活对存在('Being')本质的感受:'因为自然里一切都有一个本质的特点,所以对本质的探询就是本质的本质了。一旦诗人摆脱了包含沉淀意义的语言并解放自己的感知时,他就走在通往揭示言辞和事物之间关系的道路上了。"(朱新福《从〈林中之雨〉看美国当代诗人默温的生态诗学思想》,《当代外国文学》2005年第1期)而华海的《练习一种词的魔法》中体现的生态语言观,一是体现了休斯对自然与人、社会的生态间性相互关联、作用的"词"(用词)的整体性视角下的语言观问题,二是体现了默温"摆脱沉淀意义的语言并解放自己的感知",从而进行"新词"(用词)的命名的梅洛·庞蒂及海德格尔现象学语言观问题,三是集中体现了鲜明的生态语言学的"对词清毒"的语言观,以上三种语言观,皆是一种具有家族相似性的"生态语言观",从中可以挖掘对生态诗学建构的重要意义。当然,这也在诗人别的诗作中有所表现。另外,被著名文学评论家、生态批评家龙其林称为"南华(华海)北侯"的"北侯"——山西诗人侯良学，在自己的创作中，也深深意识到生态语言确立这一问题，如在《大熊猫》一诗中，它质问人类能把大熊猫的交配称为"做爱"吗？他还将关于动物的代词"它"改为"牠"，并对古今寓言中的动物书写中体现的工具性质的人类中心主义倾向颇为不满，表示要对"狼心狗肺"之类被作为贬义词运用进行审视。这说明中国的生态诗人们，像海子追求"去建筑祖国的语言"一样，正在以诗歌的形式，为生态语言（文化）的确立，做着自己的贡献！

作为我国最早倡导生态诗歌的诗人，华海的生态诗，主要集中在对自然的感知、体验、想象及其对人与自然的和谐关系，在精神生态中的显现上，是自然生态和精神生态相互作用、相互生成，即互动互生、相参相感相悟的一种"新词""新的命名"的构成，为对自然审美走向生态审美，提供了卓越的具身体验性和意象想象力，提供了诗的生态性运思（生态诗运思）的独具创造性的想象方式、想象的视角、进路和切入点，为诗歌表现向自然回归的生态审美主题，提供了重要的诗歌艺术典范和独特的美学面相，并在这方面具有里程碑的意义。这和我国的语言生态学家致力于和谐话语分析的构建，是一种同向的关系。而《练习一种词的魔法》组诗，则以其鲜明的生态语言学理念和美丽、丰富、灵动的意象运思，指向对我们反生态的"词"（用词）的审视和清毒，对自然生态与语言（文化）生态的一种交融、互生的理想境界的畅想。该组诗为熟悉的几个关于词的词（表征动词、名词等所有的词类的词），以及表征和牵涉到生态危机的词（词类中具体的词），进行生态关系下的"词与物"的关系的新事实的发现、发掘，并对这种新事实进行新的命名，在其中，体现了生态批判、生态想象和审美以及生态哲思、生态语言的无限魅力和一种别样的维度，同时，也表达了诗人一种纯真而执着的有别于古典浪漫主义的生态浪漫情怀，可以促进生态文化的生成，培育我们对自然的亲和感、融入感、共在共生感以及保护和顺应的行为，以建立人与自然的和谐关系……这些，都使《练习一种词的魔法》组诗，成为中国生态诗创作的一个重要收获，成为生态文化的一个独特的优秀的文本！

申文军：山西省作家协会会员，生态诗评家、诗人、学者。主要研究中国现代化、思维哲学、生态等课题。2019年，与生态诗人侯良学合作出版《侯良学生态诗赏析》一书。

生态诗歌与生态文明建设

张佩兰

张佩兰

引言

生态问题不是一个简单的自然问题，其本质上是人类社会的发展问题，与人性迷失紧密关联。全球视阈下，工业革命就像打开了破坏自然的"潘多拉魔盒"，非理性的制造破坏了生态平衡，最初的无视引发了严重的生态危机。正确地对待科学技术，重新构建人与自然的和谐关系。"人心建设"就是生态文明建设。生态文明是一个具有广泛性和现实性的大问题，是超越工业文明的共生文明，其要义是提高人类环保意识的自觉性：人人关爱自然、保护自然，真正地回归人与自然的和谐状态。生态诗歌即发轫于此。生态诗人自觉地将生态问题植入诗歌创作中，生态诗歌创作蕴含着诗人的伦理观照、审美追求和社会担当，是生态诗人与人类生活、社会命运同频共振，呼吁保护环境的人文情怀。

一、什么是生态诗歌

生态诗歌简单地说，就是针对工业文明对自然环境的破坏，所造成的生态危机产生的诗歌。朱光潜在《诗论》中谈道："诗是人生世相的返照。"也许，人类基因中的危机意识作祟，总有人会及时发现人类所面临的各种问题，并积极呼吁以警醒世人。诗人的敏感和风骨要求诗人对其所处时代具有深刻的洞察力，诗人的成熟就在于站在人类立场上的担当。

诗歌是诗人推动和重塑现实的语言建构，不仅用来赞美、歌颂美好的自然与生活，亦是诗人关心社稷民生，不吝笔墨的去鞭策社会丑恶的刀剑。从《诗经》中的《伐檀》《硕鼠》到杜甫的《春望》，以及陆游的《示儿》、闻一多的《七子之歌》、臧克家的《老马》……纵观历朝历代，但凡有名气的诗人，都曾留下过忧国忧民的诗篇。只有关心人民疾苦、关注人类命运的诗篇，才具有穿透岁月的生命力。

（一）"青山绿水就是金山银山。"当新时代从农业社会转型到工业社会后，人类面临的最大社会问题也由生存问题转向了生态危机，诗人因之成为重构人与自然和谐关系的最卓越对话者。

生态环境是人类赖以生存和发展的基本场所，诗人对现实的深度关注，产生了大量与时代互为关照的诗歌作品。千姿百态的自然意象入诗，为诗人提供了文学创作的契机和文学表现的内容。一个时代诗人有一个时代诗人的良知。诗人着眼社会现实，发现创作主体，捕捉创作灵感，才能创作出有温度的文本。如"朱门酒肉臭，路有冻死骨"，十个字就反应出了现实的深广和惊心动魄的艺术力量。面对当下严重的生态问题，生态诗人们总难免灵魂叩问，自觉提振生态诗歌创作；自觉担负起传播生态诗情，净化人类心灵的责任。好的生态诗歌不仅仅是灵感乍现的火花，也是文本上精雕细琢的打磨。生态问题是当代社会人类面临的全球化生态危机，许多诗人在为人与自然的和谐共生默默努力。

（二）当代，生态诗歌的倡导者华海曾说："生态诗写作的难度在于如何让生态意识外化为诗歌，既不是概念的简单演绎，也不是大而化之的书写，处理好了生态与诗歌艺术的关系，就能有诗的创新。"关注当代生态问题的诗人们，正如诗人刘年所写："去高处。看一看，天空是否完好。需要到六千米的高处，看一看，鹰的去向。需要五千里的雪，冰镇我的焦虑"，总是怀着一颗"先天下之忧而忧，后天下之乐而乐"的心，他们的生态诗歌如钟杵，撞响保护生态的大钟，给人以醍醐灌顶。如华海的生态诗歌：

《感应链》

北极海冰融化

格陵兰冰盖融化

挪威冻土融化

大堡礁的珊瑚成片

死去，留下白花花的残骸

这还是遥远的事

刚过去的冬天，总让人感到疑惑

暖得更暖，冷得更冷

更近的，是疫病的无形触手——

所有人都惧怕它伸向自己

远和近的因果关连

窗前的一只鸟，比我更早感应

昨夜德州暴雪，太平洋火环带上地震

我却一直神游梦中山川，好像什么也没发生

《极光岛》

最后的蛮荒、野性

后退，退回到你眼睛里

流浪的风和月光

被你收留，成为最后的岛

黑冰之地，唯有笨拙的白熊
与我们为一，以及一切

极光的出现，让世界后退
退回虚幻和美的原点

又大又亮的星星，钻石的星星
坠落，企鹅起舞……

"荒地里有最后的救赎"
从你眼睛里，读到火

　　这两首诗歌是华海的近作，蕴含着诗人对于生态的思考而兴发的生命感受。当自然一次又一次给人类以教训时，华海以诗人的忧患意识，敏锐地认识到生态问题的重要性和迫切性，其诗歌写作也自然而然地转向对自然生态和人类文明的关注，这种"革命性"的转向也让他的诗歌拥有了深沉力量。

　　另一位著名的诗人翟永明，因摄影师王久良的生态摄影作品产生共鸣，她的生态诗歌透着对人类未来的深深担忧：

《我们身边有毒》

……
食品的毒　和空气的毒
还有一点一滴流入静脉的毒

也已进入我们的血

垃圾的毒　和噪音的毒
还有周围飞翔的毒
终于进入我们的脑……

《拿什么去关爱婴儿？》

……

我们看着
水变成酒　牛奶变成二恶英
面包变成霉菌
塑料袋变成垃圾
洪水变成泥浆

我们拿起盘子　他就要
吃污秽的奶　泛白的鱼
满天的废气　和
破铜烂铁的臭味

我不知道自己该吃什么
也不知道该给婴儿吃什么……

这两首诗歌，表现出诗人面对严重的环境污染问题而产生的惶恐与不安。

诗，一方面可以如音乐那样，领会人的内心生活；另一方面又可以从内心的观照和情感领域影响到客观世界。既有雕刻和绘画的明确性，又能比任何艺术更完整地展示出事件全貌。所谓"天地感而万物化生，圣人感人心而天下和平"。诗歌的基础是由"感"形成的，诗人感物而动，应物斯感，感物吟志，故为诗歌。

二、生态文明与生态危机

周易中，"文"为阴阳相交，感而遂通。由"文"衍生出"文化""文明""文章""文德"……"明"有昌明、盛大之意。汉语"文明"一词，最早出自《易经》："见龙在田、天下文明。""文明"一词，具有健运、不断发展之意。文明是使人类脱离野蛮状态的所有社会行为和自然行为构成的集合。关于"文明"的解释，旧时指时新的、现代的，如：文明戏。这里指社会发展水平较高的有文化的状态：文明社会，避草昧而致文明，是人类文化和社会发展的新阶段。文明又分为物质文明和精神文明；"生态"分自然生态和人类心理生态。生态文明，是人类文明发展的一个新的阶段，即工业文明之后的文明形态。生态文明是以遵循人、自然、社会和谐发展的客观规律，建立人与自然、人与人、人与社会和谐共生、良性循环，全面持续繁荣为基本宗旨的社会形态。

生态问题古已有之。从人类懂得制造工具开始，就有了对自然生态的人为破坏，只不过人类史缓慢而漫长，原始的生产力对生态的破坏可以忽略不计。进入农业社会后，工具的改进，狩猎、渔猎的发展，让中国古人很早就意识到生存与自然环境息息相关。出现了"敬天畏天""天人合一"等朴素的生态意识和价值理念。所谓"天"，即宇宙自然，它包括天、地和自然界衍生出的万事万物。古人认为，人和自然在本质上是相通的，故一切事情均应顺乎自然规律，达到人与自然和谐统一。"尊重自然、敬重生命"是"天人合一"思想的精髓。祭天、祭地、祭山川、祭日月、祭四方，逐渐成为历代统治者共同的行为。据先秦古籍《山海经》记述，后羿射日为免生灵涂炭、夸父追赶太阳试图战胜自然、大禹"三过家门而不入"治理水患……这些神话传说虽充满了传奇色彩，也体现了祖先们试图用人力改变自然、保护生态环境的理念。以保护环境和野生动物为目的，先秦各诸侯国中，主动的、有意识的保护环境的规则和法令也相继出现，后经历代不断修改完善。

全球性生态危机源于工业革命。工业革命虽然实现了机器代替手工劳动，实现了农业社会转向现代工业社会的重要变革；创造了巨大的经济财富，使社会面貌发生了翻天覆地的变化。同时，它也是一场深刻地社会关系的变革，使社会明显地分裂为两大对立阶级——工业资产阶级和工业无产阶级，加快了城市化进程。工业污染、气候变化，生态环境恶化、自然灾害增多、物种灭绝、土地沙化、水源污染随之而来。食道癌、肺癌、胃癌、肝癌病患大量增多，许多地域出现了化工厂、印染厂、造纸厂、制药厂、皮革厂、酒精厂、发电厂、石灰窑等造成的环境污染、工业污染、农业污染、生活污染等。农业污染量占全国总污染量的 1/3-1/2，已成为水体、土壤、大气污染的重要来源。其时，农村生活废弃物污染、农用化肥污染、农药残留污染、畜禽养殖场废弃物污染，直接关联了癌症村现象。中国仅 30 多年就形成了国外 150 多年时间形成的消费文化。各种包装、废旧电器、电池、塑料制品严重影响了自然环境。随着经济发展交出高质量的精彩答卷，伴随其产生的环境问题也日益严峻。环境意识和"人心建设"从单一的环境保护，逐步发展到生态道德和可持续发展教育。

三、生态诗歌的理性启蒙与理性批判

生态文明建立在物质文明和精神文明之上。

（一）诗歌作为人类文明有影响力的载体，诗人的命运及其诗篇无不是社会现实的写照。诗歌《荒原》的作者艾略特曾说："一个最好的诗人在写诗的时候，哪怕是写他最个人的、最私密的东西，都其实把他所属于的整个时代写了进去。"生态诗人们崇尚自然，敬仰生命。推崇健康、淳朴的精神价值体系。他们用诗歌走进人心，提倡关注生态，回归自然，把人与自然和谐统一的观念价值传递给更多的人。

1. 诗歌形式精短、富有诗意。易记、易传播、打动人心等特点契合了当下社会的快餐文化和碎片阅读，决定了其在关心民生、针砭时弊中担当社会号角的作用。诗是最早以文字为载体的语言艺术，尤其是在初民时代，诗更像是一种将重要的人物事件和学问经验，以歌的方式流传后世。与其他文学形式相比，诗歌是表达感觉的哲学艺术。短小精悍又意味深长的诗歌可以满足人们的精神文化需求，让人的心灵在追求美好生活中更加丰盈。

2. 诗歌的短小性和模糊性更容易感化人心。教化功能决定了诗歌在生态危机中的作用。诗歌以精神高度丈量和提升着人类的灵魂。诗歌不是诗评家嘴里神乎其神、不可言说的东西，而是服务大众的，脍炙人口的文学作品。引人共鸣、传颂不绝。如唐代颜真卿的《劝学》诗："三更灯火五更鸡，正是男儿读书时。黑发不知勤学早，白首方悔读书迟。"这首诗跨越时空，至今仍保有教化价值和精神意义。而"安得广厦千万间，大庇天下寒士俱欢颜，风雨不动安如山"，则用推己及人、由近及远的悲悯情怀感人至深。

汽车、工厂和我们
都是雾霾的缔造者
暴雨、山洪、狂风、冰雹……缔造者
我们激怒了大自然
大自然给我们送上了一份厚礼

这首诗，寥寥几句就说明了人与自然的关系。就现代生态诗歌美学的实践意义而言，这意味着现代诗歌承载的教化功用，是诗歌审美对现代生态文明建设的作用。

3.诗，是最精练的语言形式。比如"日出江花红胜火，春来江水绿如蓝""落霞与孤鹜齐飞，秋水共长天一色"。十几个字就勾勒出一个场景，诗情画意具备。意境、诗意滋养人心，让人千古传唱。"举头望明月，低头思故乡"只有十个字，就勾起世人对故乡无尽的思念和挂怀。"黑夜给了我黑色的眼睛，我却用它寻找光明""面朝大海，春暖花开"……都是让人过目不忘的佳句，给世人心灵带来激情与美感、启迪与冲击。高尔基说："文学就是人学。"人类文明若想安稳地传承下去，必然少不了诗歌的醒世作用。生态诗歌涉及了人类生存的核心问题：既有形而上的沉思，也有生动细微的描述，是改善生态环境的精神力量，为人类的心灵洗礼，激发人心善念。生态诗歌具备其他文学形式所不具备的传唱优势。现代诗歌的语言更接近现代口语，更容易让人接受和理解。比如：

拉锯、拉锯

你拉锯，我拉锯

棵棵树儿在哭泣

儿童化的诗歌语言朗朗上口画面生动，浅显易懂又精练深刻，儿童都可以轻易听懂和传唱。

（二）亚里士多德认为："美使人进化，悲剧让人进化，诗让人进化。"现代生态诗歌语言特点和思维深度决定了其在现代生态文明建设中的功用和地位。现代生态诗歌是现代诗歌的一个重要支流和分类，对于现代诗歌的健康发展起着重要的作用。面对严重的生态问题，诗人们致力于探寻危机根源，作品中蕴含着诗人的伦理观照、审美追求和社会担当，是对建设人类心灵生态、大自然生态和社会文明生态的担当和努力。

结语

更高级的人类文明社会应该是物质文明和精神文明共同发展，人与自然"天人合一"的生态文明社会。面对时代召唤，诗人以"铁肩担道义"的社会责任感，融入现实，以为时代发声、为现代文明和人类社会服务作为创作的生命之泉，如此，诗歌才具有蓬勃的生命力和穿越时空的穿透力。现代生态诗歌标志着诗人对工业文明造成的全球化生态危机的反思与批判，是生态诗人对于生态危机的主观感受、情感和愿景，生态诗歌语言的价值取向与教化作用的诗歌精神契合，其特点是以诗歌的形式感悟与思考，以情感人书写现实、书写生态危机。用沉潜的诗情在诗的语境里重建生态文明，从精神上唤醒人类生态意识和生态良知，这是生态诗人义不容辞的历史责任。不能简单地将生态诗歌归类为诗人追求一种新的创作灵感而做出的选择。

张佩兰：笔名佩兰。广东省作家协会会员，中国诗歌学会会员，中山日报签约作家。广东省 2016 年、2017 年诗歌高研班学员。写诗、写评，作品发表于《文艺报》《诗歌月刊》《星火》《流派》《中国自然资源报》等。获《诗刊》主办的全国诗歌大赛奖。

清远飞来湖湿地公园生态教育策划探析

潘振辉

潘振辉

摘要：清远作为广东生态发展区，愈发重视与践行习近平生态文明思想，致力于"生态清远"建设，旨在牢筑粤北生态屏障。以此为契机，飞来湖湿地公园作为清远市区内新建成面积最大的城市湿地公园，园内基础设施已完备，开展文娱旅游已初有成效。鉴于笔者实地走访发现，公园在教育活动策划方面尚有待完善，可借此贴合新时代生态教育理念，通过后期策划向公众科普宣传湿地生态科学知识、法制观念、人文内涵等内容，以期提高大众生态行为意识，促进城市人地和谐共生，推进清远生态文明建设。

关键词：生态教育；飞来湖湿地公园；策划

一、生态教育时代趋势

随着近现代工业化及城市化快速扩张中，人们逐渐意识到生态环境危机是人类社会的政治、文化等意志延伸，是生态危机的根源所在，为此，我国首先提出生态文明建设的时代号召，生态教育应运而生。

（一）生态文明理论愈丰富

新时代以来，清远市积极响应"五位一体"战略布局、"两山论"科学论述、"人类命运共同体"新视角下生态文明思想号召与践行，坚实

"生态清远"的绿色发展道路，丰富生态教育内容。同时对马克思生态文化思想的延伸与发展之外，也弘扬我国"天人合一""道法自然"等优秀的传统生态思想，体现生态教育深厚的理论渊源与良好的民间基础，充分论证清远生态文明践行的必要性与可行性。

（二）生态文明践行成主流

生态教育基地建设普遍在全国各地公园及保护地规划建设的基础上，积极推进以生态理念为指导思想的基地建设。飞来湖公园建设可借鉴广州海珠湖湿地公园例，水利与生态相结合，吸引以鹭鸟为主的鸟类约有20种，凸显城市 – 鸟类 – 湿地共生的生态良性循环。公园免费对市民开放，供休闲娱乐外，园内完备科教科研设施，尤其体现在海珠湖鸟岛附近因地制宜增设了观鸟长廊、观鸟栈道及望远镜等器械，结合图文对鸟类生活习性进行科普，成为广州市中心最佳观鸟识鸟点。

此外，社会各界日益关注生态环境与生物多样性，设定世界环境日、植树节、爱鸟周、世界湿地日、世界生物多样性日等纪念日，并开展各种生态环保宣传教育活动，把环保意识和生态保护意识融入生产生活中，帮助人们树立良好的生态观念，养成节约和保护环境的习惯，进一步推进生态文明建设。

二、相关概念界定与关联

（一）生态教育概念

教育活动贯穿人类社会的发展历程。作为一种全新的教育理念，生态教育（Ecological Education）依据生态学的原理，建立在生态系统的基础之上，以协同进化和生态平衡的理念开展教育工作，对教育现象和成因进行深入分析，寻找教育发展规律和掌握未来的发展方向，以研究生态环境因素和教育之间的相互关系[1]。狭义的生态教育局限于以人的自然价值论为指导而形成的人类社会意识形态、精神和社会制度；广义的则以自然价值论指导的人类新的生存方式[2]，即人与自然和谐发展的生活方式和生产方式。

1. 生态教育内涵

生态教育内涵丰富，大层面上分为家庭教育、学校教育、社会教育及企业教育，受众为社会全体成员，无分职业、年龄、性别、群体等，方式不拘于传统的课堂教育，更寻求媒介宣传、野外体验、公众参与等灵活多样的实现途径；而由生态学相关理论延伸深化出丰富的教育内容，如生态知识、生态技能、生态文化、生态价值、生态美学、生态文明等[3]。由此可见，生态教育的内涵体现出公益性、全民性、长期性、综合性、实践性的特点，是切实塑造生态文明的教育。

2. 生态教育关联概念

（1）生态文化

人类社会发展与生态环境发生稳定的关联则是生态文化（Ecological Culture）的形成过程，而文化既是教育的内容、又具备文化传递功能。动态发展的生态文化当以实现生态文明为最终归宿，其独特之处在于综合性和适应性，既关注效益，又强调竞争，更注重平衡，是遵循人、自然、社会和谐发展统一的客观规律而取得的物质与精神成果的总和[4]，深刻揭示了万物相连、包容共生、平衡相安、和谐共融，平等共享，永续相生的生态文化思想精髓。

（2）生态价值观

在生态教育中隐含的价值观称之为生态价值观（Ecological Value），是对生态环境的认知、理解和判断，是能影响人们处理与生态关系的行为方式的思维和价值取向。党的十八大报告中首次提出"生态价值"的概念，习近平总书记提出"尊重自然，顺应自然，保护自然"的生态观念及绿色发展理念，倡导人与自然和谐共处的生态伦理理念，关注人类命运自身的社会性与自然性的完整，维护自然系统与社会系统的发展与平衡[5]，实现整体可持续发展。

（二）飞来湖湿地公园生态教育实现

湿地公园（Wetland Park）兼具"湿地的保护"和"公园的开发"的双重特性，是以保护湿地生态系统为前提，合理利用湿地资源建设的"公园"，是具备完善设施和良好绿化环境的公共绿地及开展湿地保护、休闲游憩、教育、科研、旅游等活动的特定区域。飞来湖湿地公园与生态教育有着紧密的联系，承载生态教育内容、提供生态教育场所、组织生态教育活动，推动清远生态事业发展。

1. 实现途径

为实现公园的教育功能，飞来湖湿地公园探索有效开展生态教育的途径，将以湿地特有自然资源和地域深厚的人文历史为内容，通过科学活动策划进行科普宣教，促进大众对湿地生态和人文历史的认知，形成爱护生态环境、情感归属等意识转变和行为实践的双向循序渐进过程。生态教育实现的途径多样，根据景观资源分布，将从点－线－面空间布局结合展示、解说及参与体验三大表达途径共同构建完备的生态教育功能体系。

2. 实现愿景

生态教育效果转化路径遵循（KAP）路径："普及湿地生态知识"（Knowledge）－"培育生态保护意识"（Attitude）－"践行生态文明行为"（Practice）的实现愿景（如图 2-1），即通过普及生态知识，培养受众的湿地生态保护意识，转化为保护湿地生态环境的具体行动[6]，三者形成良性循环。

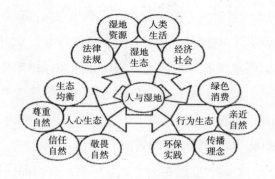

图 2-1　湿地公园生态教育转化路径

（图片来源：笔者自绘）

三、飞来湖湿地公园生态教育规划与策划

（一）清远概况

清远，别称"凤城"，位于广东省中北部、北江中下游、南岭山脉南侧与珠江三角洲的结合带上，东倚韶关，南邻广佛，西靠肇庆，北接湘桂。域内南岭山脉绵延，以山地丘陵为主，峰林、溶洞和地下河、喀斯特地貌错落分布，生物资源丰富，有高山峡谷、原始森林、湖泊温泉等众多自然景观资源，获誉"温泉之城""英石之乡""漂流之乡"等。

1.人文资源

历史沿革 – 清远历史悠久，是岭南文明重要发祥地、中原文化传播前沿地、海上丝绸之路和陆上丝绸之路对接地、中国工业改革先行地。最早追溯到南朝梁武帝天监六年（507 年），始置清远郡而有名，1988 年撤县设市，沿用至今。

人文底蕴——韩愈令阳（阳山县），惠政爱民、移风易俗，"民生子多以其姓字之"；刘禹锡治连（连州市），发展生产、兴学重教，"科第甲通省"；米芾仕洽（英德），"政事简举、得教风行"；苏轼游清，"天开清远峡、地转凝碧湾"，共同铸就清远深厚的人文积淀。此外，以瑶族、壮族为主的少数民族常以歌舞的形式来展现壮族和过山瑶传统的民间艺术和风俗，其民居、民俗、民歌等均具特色；飞来寺作为岭南三大古刹之一，与连州福山寺同列于中国道教七十二福地之中，成为道文化的代表，使清远成为全国唯一具有双福地的城市。

饮食文化——清远农业已走上生态发展道路，出品优良，现有 23 个农副产品先后荣获国家地理标志产品、农产品地理标志、原产地证明商标称号，数量居广东之首，其中清远鸡驰名海外，英德红茶声名远扬，此外还有碌鹅、河八鲜、洲心烧肉、东陂腊味、沙坊粉、洲心大粥、阳山牛杂等。

湿地文化——清远市内建成飞来湖、滨阳湖、江湾等多处湿地公园。"蒹葭苍苍""千顷蒹葭十里洲"等诗句描绘湿地自然景观，再现跨时空的人与湿地的交会，见证湿地是最具自然生态特性与诗性的土地，是开展生态教育的景观表达载体。

（二）公园现状分析

1. 区位交通分析

飞来湖湿地公园位于广东省清远市的清城区与清新区交界处，占地 200 公顷，其中水面为核心保护区域，占地 93.30 公顷，为辖内建成最大的城市湿地公园。外部交通可达性良好，多达 20 趟公交大巴途经，极大地方便市民游客。

2. 游客受众分析

有着市区内优质的旅游资源，集"山、湖、城"一体的自然–人文交融的景观魅力，自建成开放以来，以清远市城区周边居民为基础受众，以珠三角城市群游客为拓展客源。

（三）飞来湖湿地公园性质定位

1. 性质

飞来湖湿地公园以飞来湖为主体，以人工湖湿地类型为特色，以湖域湿地生态系统为载体，以深厚的地域人文历史、湿地生态文化为内涵，以生物多样性保护为核心，集湿地水质保护保育、科普宣教、科研监测、生态旅游于一体的城市湿地公园。

2. 定位

（1）生态廊道——"育种"

飞来湖湿地公园建设重点在改善湿地动植物栖息地环境，保育与提高动植物物种多样性。在生态环境中呈带状布局，东北引水于笔架河，汇入滨江。园内水清岸绿，竹树掩映，水草丰美，鱼翔浅底，白鹭成群，满足物种的扩散、迁移和交换，是构建清远市区域山水林田湖草完整生态系统的重要组成部分，关系着清远市区生态格局与生态安全。

（2）生态教育基地——"育心"

湿地公园是展示湿地生态景观和开展湿地知识科普宣教的重要基地；湿地生态文化和清远历史人文相结合，进行小范围生态旅游资源开发和利用，进一步丰富湿地知识科普与文化宣传的形式，使之成为清远"湿地生态教育基地"。

（四）飞来湖湿地公园生态教育开展目的

城市湿地特殊的生态系统为人与自然联系的场所，调节城市生态环境和服务社会，优美景观、丰富生物种类及生境需要为人所观赏、知晓与保护，因此湿地公园生态教育开展的初衷：（1）宣传国内外具有影响力的相关律规条文规定，提高公众湿地保护的法律意识；（2）挖掘与弘扬清远地域文化和湿地生态文化，加强大众文化认同、情感归属；（3）

科普湿地生态系统保护与景观修复的方法原理，鼓励生态行为，唤起市民生态意识，尤其针对年轻一代，以一种轻松愉悦的方式主动关注生态环境，倡导简约适度、绿色低碳的生活方式，参与湿地及环境保护实践，践行生态文明理念。

（五）飞来湖湿地公园生态教育开展原则

湿地公园是对大众开放的公共空间，飞来湖湿地公园开展生态教育本着"以人为本"的原则，必以人的尺度、维度、接受度、价值衡量为出发点，须满足：

1. 参与体验原则

以优美的环境与宽松的氛围对大众开放，提供游赏、研学一体的活动场所，消除人与湿地或人物之间的隔阂，使人获取更彻底的娱乐、逃避、学习，从而激发自我、释放自我，增强人与湿地之间的情感联系。

2. 文化传播原则

湿地蕴藏着人类与湿地极具教育意义的故事及根植湿地的文化底蕴，表现出湿地文化的多元性与地域性，向游客展现当地民俗风情，有助于地域文化保护与传承。

3. 情景多样原则

湿地公园具有文化性、故事性、倾向性等特点，开展生态教育需避免单一乏味的灌输形式，应充分利用场地条件积极探求教育方式多样化、内容通俗化、活动趣味化、主题明确、贴合大众的教育情景，达到寓教于乐的效果。

（六）飞来湖湿地公园生态教育开展策略

1. 传承文化，多元主题

园内的人文资源丰富多样，是生态教育可充分挖掘的内容，尤其借

160

助景观手段的展示及文化活动策略，营建主题多元的游憩兼科教场的所，彰显清远独特的地域文化特色和城市风貌，提升公众认同感与凝聚力，传承历史文化。

2.科技兴教，因龄施教

合理有效利用场地条件，发挥资源优势，参考各年龄层次人群的行为习惯、身体状况、心理特征，情感需求，营建适宜的景观氛围，注重传统科教体系与当下科技媒介的复合应用，合理就势布置游憩、宣教设施，组织与策划相关活动，丰富了施教方式，凸显飞来湖湿地公园生态教育的时代特色。

（七）生态教育规划

生态教育空间规划

飞来湖湿地建设以湿地生态保护与修复为主，配置景观水生植物以净化水质、展示水文化，增设便民亲水设施，打造水文化主题公园，兼顾居民康养、休闲、文化等需求与公园生态、经济功能，凸显地域特色。游客通过展示－解说－体验，实现寓教于乐。

（1）"点"空间

一桥即桥北路跨湖段改造而成的景观大桥，桥体造型流畅美观，可游可观。两塔即南塔、北塔，处在观桥的最佳位置，为公园的重点景观。

三湖即星光湖区、月牙湖区、阳光湖区，拥有各自独特的含义。依据不同的水面营造特色的景观平台，设亲水码头，附备湖内及北江流域内本土鱼类资源相应的科普点，增强公众对水生物的认知与对水环境的保护意识。

五岛即园内湖域共有五座湖心小岛，其中有两向游人开放，沿道根据需要设生物科普牌示；其余三座为生态候鸟岛，游人不能进入，湖心小岛在植物配植方面多采用开花及浆果类植物，以吸引和保护鸟类与昆虫，营造动植物生境多样性，增加城市物种多样性，可在岛内设科研监测点，监测气象、物种等方面的动态变化过程；此外，可根据各种鸟类相应惊鸟距隔水设观鸟点，放置望远镜、鸟类科普牌示等相应设备。

（2）"线"空间

一道即飞来湖碧道，沿道建设内容包括净污、绿化、文娱、标识、浮桥等工程，是市民散步、运动，游览之地，同时是清远市城市生态核心和排涝调蓄的重要水域，展示城市特色和水文化；内连清远鸡文化馆、水文化、生态候鸟科普广场、湿地植物观赏区、儿童乐园、体育公园等特色区域，是开展生态教育的重要"线"空间。

（3）"面"空间

两广场即南侧碧道主题公园和北侧的水利科普广场，增设了"阿基米德"戏水池、新增 LED 户外显示屏等，通过水利知识的图文解说，营造生态教育的"面"空间，向市民科普水利知识，提升大众保护生态的意识。

（八）生态教育策划

1. 材料策划

（1）宣传海报依照各时期举办活动的主题不同而定，版面宜生动简洁，表明时间地点与活动内容。建立线上官方公众号，在活动前结合线上多渠道多平台发布，起到更好的效果。

（2）知识宣传册制作要求富于特色，主题鲜明，内容生动易懂，囊括湿地知识、公园设计立意与主题、当地民俗特色，后附上二维码，游客可利用自助式了解更详细的湿地知识和当地丰富的文化民俗，符合与贴近当下大众生活方式。

（3）影音讲解材料集中分布馆区，借助高科技手段定点向游客大众提供 4D 电影、VR 体验等全新活动体验。

2. 活动策划

飞来湖湿地公园生态教育活动内容与形式丰富，囊括湿地生态科学知识普及与地域文化宣传，涉及湿地基础科学知识、湿地动植物知识、湿地生态技术及清远民俗文化等全方面知识，结合线上线下与室内室外，围绕各类知识主题开展形式多样的生态教育活动（如表3-1）。

表3-1　飞来湖湿地公园生态教育活动策划一览表

活动类型	活动内容	活动时间	活动形式
专题讲座	湿地基础科学知识、清远生态文化、生态新生活方式等	世界湿地日、世界环境日、植树节、爱鸟周等纪念日	室内为主线上线下
青少年活动	郊游类：远足踏青、亲子游；制作类：书签、标本、明信片；比赛类：书画摄影、诗歌写作；公益类：公园志愿者、生态小环保宣传、植树造林、生态摄影、书画写生、体育锻炼等	周末、寒暑假等按需而定	室外与线下为主
民俗文化类	壮族舞寿星和龟鹿鹤；瑶族长鼓舞、布袋木狮；客家舞春牛、唱山歌；广府粤剧、粤曲、醒狮等；阳山双凤舞、英红茶艺表演、清远鸡美食节等	按节事日和需要而定	室内为主线上线下

（来源：笔者自绘）

3. 管理策划

社区共管以政府部门为主导，本着"保护第一、依法管理，群防群治、共同发展"原则进行综合规划，维系湿地稳定和实现可持续发展，鼓励周边群众参与湿地的生态保护的践行中，以期在保护管理、宣传教育、资源合理开发利用等各方面实现双赢的。寻求多部门部门联合，为社区共管始创性制定一套试用版的生态积分体系，面向全社会举办生态教育相关活动，增设"生态市民"荣誉及丰厚的奖品，积累生态积分而加以政策实惠，充分调动大众的积极性，普及公众的生态责任意识。

四、结语

贴合生态文明建设的时代精神，笔者心系清远湿地保护与生态文明建设，寄望于飞来湖湿地公园开展生态教育而实现寓教于乐、游学合一，鼓励大众保护环境，促进人、城、地和谐共生。飞来湖湿地公园开展生态教育拓宽并延伸科普宣教的方向与内容，为清远今后湿地公园乃至其他公园的科普宣教功能体系提供借鉴价值。

参考文献

[1] 余谋昌 . 生态文化是一种新文化 [J]. 长白学刊，2005（01）：99-104.

[2] 余谋昌 . 生态文化：21 世纪人类新文化 [C]. 第二届中国（海南）生态文化论坛 .

[3] 温光远 . 世界生态教育趋势与中国生态教育理念 [J]. 高教论坛，2004（2）：1.

[4] 李颂华 . 老子生态文明思想及其当代启示 [J]. 阅江学刊，2015，7（05）：68-71.

[5] 杜昌建 . 我国生态文明教育研究 [D]. 天津师范大学，2014.

[6] 何倩倩，吴茂林，李沛潮，等 . 湿地公园科普宣教体系规划探析——以江西南丰潭湖湿地公园为例 [J]. 江西科学，2019，37（06）：982-988.

潘振辉：男，汉族，清远阳山人，1994 年生，毕业于福建农林大学，硕士研究生学历，从事广东自然保护地景观保护规划设计及生态（自然）教育、农业规划行业。

论"绿水青山就是金山银山"理念的生态觉悟与绿色发展

傅守祥

傅守祥　魏丽娜

魏丽娜

摘要：习近平同志 2005 年提出"绿水青山就是金山银山"的科学理念，以平实简洁的话语传达了他的生态觉悟与生态思想。实践证明，"两山"理念抓住了新时代战略转型的核心；在哲学层面，它是对现代性方案的全面修葺，是对人与自然关系的反省，更是对世界的合理秩序、对人在世界中的地位、对人的行为和工具理性的反省。面对资源约束趋紧、环境污染严重、生态系统退化的严峻形势，必须全方位树立尊重自然、顺应自然、保护自然的生态理念，把生态文明建设放在突出地位。直面严峻的新冠肺炎疫情，既要加快从生态倒逼到生态自觉的转型，更要保持推进生态文明建设的战略定力；必须坚定不移奉行"绿水青山就是金山银山"的理念，坚定不移推动以生态优先、绿色发展为导向的高质量发展。

关键词："两山"理念；生态觉悟；绿色发展；生态文明

　　2005 年 8 月 15 日，时任浙江省委书记的习近平在浙江安吉县余村考察时，提出了"绿水青山就是金山银山"的科学理念。17 年来，"两山"理念作为习近平生态文明思想的核心要义，已经成为我国新发展理念的重要组成部分，日益广泛深刻地转化为建设美丽中国的巨大实践力量。

17 年来，浙江全省不断践行、发展这一理念，取得了明显成效。2020 年 3 月 30 日，习近平总书记在浙江调研时重访"绿水青山就是金山银山"理念的提出地浙江安吉县余村，重申"经济发展不能以破坏生态为代价，生态本身就是一种经济，保护生态，生态也会回馈你"。

习近平同志提出的"绿水青山就是金山银山"理念，是他多年思考环境保护与经济发展这一"两难问题"的思想成果，并已达到"自觉""自为"的理性高度，是形成习近平生态文明思想的核心内容。理解"绿水青山就是金山银山"的内涵，关键在于理解这二者的辩证统一关系。绿水青山和金山银山不是"鱼与熊掌"式的你死我活关系，生态环境保护和经济发展也并非针尖对麦芒式的尖锐对立关系。发展经济不能对资源和生态环境竭泽而渔，生态环境保护也不是舍弃经济发展而缘木求鱼，"绿水青山就是金山银山"的科学理念启示我们：要坚持在发展中保护、在保护中发展，实现经济社会发展与人口、资源、环境相协调，使绿水青山产生巨大的生态效益、经济效益、社会效益。

生态环境保护蕴含着潜在需求，这些需求能够激发供给、形成新的增长点。我国进入高质量发展阶段，生态环境的支撑作用越来越明显。只要贯彻新发展理念，绿水青山就可以成为金山银山；环境就是民生，蓝天也是幸福。只有在发展中保护、在保护中发展，方能使金山银山与绿水青山共存，让生态优势和经济发展优势互相成就，让人民获得更大福祉。

一、绿色发展的"两山"理念与生态觉悟

历史地看，生态兴则文明兴，生态衰则文明衰。习近平总书记指出：保护生态环境就是保护生产力，绿水青山和金山银山绝不是对立的，关键在人，关键在思路。绿色经济是永续发展的必要条件，而"绿水青山

就是金山银山"。生态文明作为可持续发展的核心内容，需要依靠构建绿色化、循环化、低碳化三大发展体系来建设，发展绿色经济在体系中处于统领地位，因此建设生态文明，必须积极推进绿色经济发展。对处于经济社会转型新时期的中国来说，绿色发展是机遇与挑战并存的。发展绿色经济促进生态文明建设是一个长期艰巨的系统工程，我们要牢固树立保护生态环境就是保护生产力、改善生态环境就是发展生产力的理念，同时，切实把生态文明的理念、原则、目标融入经济社会发展各方面。

2016 年，习近平总书记进一步提出"走生态优先、绿色发展之路"，创造性地把生态优先和绿色发展结合起来，明确将生态效益、生态资本和生态规律置于首位，指出生态优先是绿色发展的价值导向和前提条件，绿色发展是生态优先的实现路径和支撑条件。现在看来，习近平生态文明思想的主题主线就是生态优先、绿色发展，并贯穿生态文明思想与建设实践的全过程。生态文明的转型，特别是"美丽中国"的提出，体现了马克思主义生态思想在中国的运用和发展。"美丽中国"的基本含义是：按照生态文明要求，通过建设资源节约型、环境友好型社会，实现人与自然、人与人之间的和谐美好。"美丽中国"是生态文明基础上的人美、社会美、环境美的综合，建设"美丽中国"的本质在于人与自然和谐基础上更好更快地发展。

贯彻落实"两山"理念，要不断深化生态文明建设战略，从"堵"和"疏"两个维度系统构建。首先，由片面强调经济为先、以 GDP 论英雄，到强化生产、生活、生态"三生"统一理念，强调生态与发展结合，再到党的十八大以来树立生态优先观念，在战略与理念上与时俱进，不断提升与拓展"两山"理念。其次，在实践中，尽快实现从修复治理环境、保护生态环境向建设美化环境、顺应发展生态的转变。再次，要因地制宜地解决"绿水青山"转化为"金山银山"的通道、路径、载体等问题并尽可能多样化，因为不解决好转化问题就可能端着"金饭碗"而没饭吃、讨饭吃。

保护好生态环境，一个重要前提是划定并严守生态保护红线，对开发建设和产业发展做出系统规范，不踩法律红线，不越"雷区"，否则就应该受到惩罚。习近平总书记强调："只有实行最严格的制度、最严密的法治，才能为生态文明建设提供可靠保障。"党的十九大报告指出，要优化生态安全屏障体系，构建生态廊道和生物多样性保护网络，提升生态系统质量和稳定性。生态文明建设要以底线思维为指导，设定并严守资源消耗上限、环境质量底线、生态保护红线，将各类开发活动限制在资源环境承载能力之内。谋发展，"绿水青山就是金山银山"意识必须牢固树立，要始终坚持把绿色发展新理念贯穿到经济社会发展的全过程、各领域，提升绿水青山的"颜值"以做大金山银山的"价值"，努力让绿色成为美丽中国的"底色"。积极践行绿色发展新理念，全面加强生态文明建设，努力推动形成人与自然和谐发展现代化建设新格局，为保护生态环境做出新贡献。

全面落实"生态文明"发展战略，中国还有很长的路要走、尚需整体性的转型，尤其要在"推进思维方式的生态化""推进经济发展方式的生态化""推进科学技术的生态化""推进城乡建设的生态化""推进消费方式的生态化""推进人格的生态化"等六方面下大力气。同时，新型生态文明建设还需要更深入的民众"新启蒙"，力求在上述六个方面实现"生态觉悟"的突破：人与自然相互关联、相互依存、互为整体关系的觉醒；人与自然万物多样性共生之美的觉醒；生命共同体与每一种存在物都有其价值与权力的启蒙；人类有机、健康、简单、可持续生活方式的创造；现代文明发展速度与方向的调整；现代文化与地方、区域传统文化智慧的互补。只有解决好人与自然的矛盾、人与社会的矛盾，处理好人与社会的关系、人与自然的关系，实现了"人类同自然的和解以及人类本身的和解"时，人类社会才能实现"从必然王国进入自由王国的飞跃"。

生态文明建设的主要任务是调整人类文明的发展方向，减损工业文明的扩张性品格所带来的各种矛盾和冲突，实现人与人以及人与自然的和谐。基于生态恶化的不断加重以及随之而来的"生态觉悟"的不断提升，绿色、循环、低碳式的可持续发展正迅速成为当今时代的新趋向。"生态觉悟"是对现代性方案的全面修葺，其实质是对人与自然关系的反省，更深刻的是对世界的合理秩序、对人在世界中的地位、对人的行为和理性的反省。面对资源约束趋紧、环境污染严重、生态系统退化的严峻形势，当代中国必须全方位树立尊重自然、顺应自然、保护自然的生态理念，把生态文明建设放在突出地位，以绿色发展助力全面小康。

二、生态文明的智慧觉醒与制度引领

　　事实上，生态文明不是一个空洞的概念和符号，而是现实的生活元素、客观的历史活动或过程。生态文明建设的主要任务是调整人类文明的发展方向，减损工业文明的扩张性品格所带来的各种矛盾和冲突，实现人与人以及人与自然的和谐。这就在客观上规定了和谐即对立、竞争中的和谐应当是生态文明的核心价值理念。同时，中国政府正在加大落实"以人为本"和"还权于民"行动，让民众在政府政策的制定中发出自己的声音，尊重公民的决策机制，在诸如减少土地挪用、解决劳动力争端、加大对环境问题和公共卫生的关注等方面积极吸纳民众意见，大力改善"生态权益"、大幅提高国家治理能力。

　　恩格斯在《自然辩证法》中深刻指出："我们不要过分陶醉于我们人类对自然界的胜利。对于每一次这样的胜利，自然界都对我们进行报复"。以生态文明为代表的现代智慧，尝试大力突破主客二元对立机械论世界观，提出系统整体性世界观；它思考人在自然中的位置与责任，反对"人类中心主义"，主张"人—自然—社会"的协调统一；批判自然无价值的理论，提出自然具有独立价值的观点，强调人与万物的平等，反对将人的权利凌驾于万物之上；同时，提出环境权问题和可持续生存道德原则，强调科技的人文化。"美丽中国"的不断推进与深入实施，体现了马克思主义生态思想在中国的继承和发展。

生态文明是对当代人类日益严重的生态环境问题的理论应答和实践反思，是在工业文明发展陷入困境时，对人与自然关系的重新反思以及为摆脱困境、寻求解决途径所进行的一种新的文明建设活动。它以解决人与自然的矛盾、实现人与自然以及人与人（社会）的和谐为核心，以实现社会的可持续发展为目标，以生产方式和生活方式的生态化改造为手段，以相应的社会调控制度为保障，以人的思维观念和思维方式的转变为精神动力。习近平同志指出："牢固树立保护生态环境就是保护生产力、改善生态环境就是发展生产力的理念。"生态文明作为一个复合性概念，既包含着丰富的物质性内容，又包含着丰富的精神性和制度性内容。

生态文明是人类为保护和建设美好生态环境而取得的物质成果、精神成果和制度成果的总和，是贯穿经济建设、政治建设、文化建设、社会建设全过程和各方面的系统工程。习近平总书记深刻阐述了推进新时代生态文明建设必须遵循的"六项原则"，即：坚持人与自然和谐共生的科学自然观、绿水青山就是金山银山的绿色发展观、良好生态环境是最普惠的民生福祉的基本民生观、山水林田湖草沙系统治理的整体系统观、最严格制度最严密法治保护生态环境的严密法治观、世界携手共谋全球生态文明的共赢全球观。这"六项原则"涵盖了经济、政治、文化、社会和生态文明等全领域，相互联系、相互促进、辩证统一，形成一个完整系统、科学严密的逻辑体系，构成了习近平生态文明思想的理论内核。

当代中国的生态环境问题已不是单一的经济问题，随着民众环境意识的觉醒，生态环境问题正在变成严重的社会问题，并且很可能演化为有损社会和谐的社会危机。更为严重的是，如果环境污染和生态破坏造成的危害过大，很可能全面颠覆中国多年改革获得的小康成果。建设新型的生态文明，是关系人民福祉、关乎民族未来的长远大计。习近平总书记指出："自然是生命之母，人与自然是生命共同体，人类必须敬畏自然、尊重自然、顺应自然、保护自然。"他在16年前提出的"两山"理念，其实质是一种实践型的"生态觉悟"，也是引领人类文明转型的思想基础；它完整诠释了生态文明时代人与自然的关系，更是带领全国人民走好新时代中国特色社会主义生态文明之路的思想纲领。解决好资源约束趋紧、环境污染严重、生态系统退化的重大现实难题，需要新的发展动力，需要寻找更为有效的制度性解决方案。

三、永续发展的底线思维与生态权益

生态文明不仅为生态危机的解决以及正确处理人与自然、人与人的关系指明了方向，而且为社会发展的转型和文明的发展指明了方向，并为世界文明的一体化发展奠定了基础。作为人类社会发展实现生态转型的一种文明范式，生态文明是在对工业文明进行反思和超越的意义上出现的，具有其特定的发展模式、制度理念和价值观念等基本预设。生态文明与现代化的相互依托，形成文明范式生态转型的发展模式支撑和物质基础；生态文明与社会主义的彼此契合，表明文明范式的生态转型所追求的是摆脱了双重奴役的、平等自由的人际、人－自然关系；生态文明与实践理性的共同发展，是人作为文化存在展示自身无限超越潜能的新阶段，是文明范式实现生态转型的内在逻辑和现实需要。

在日常社会实践中，生态文明建设不但要以"美好前景"引导人，更要以底线思维为指导，设定并严守资源消耗上限、环境质量底线、生态保护红线，将各类开发活动限制在资源环境承载能力之内。习近平总书记反复强调："要牢固树立生态红线的观念""在生态环境保护问题上，就是要不能越雷池一步，否则就应该受到惩罚"。在当代中国，绿色理念日益深入人心，人们从盼温饱到盼环保、从求生存到求生态，贯彻绿色发展理念的自觉性和主动性显著增强。所谓"穷则思变"，这种显著的变化，既来源于此前切实的生态威胁、生态危机，也来源于当前十分现实的生态惩罚机制、生态补偿机制和生态修复机制。单从法律层面来看，污染治理力度之大前所未有，国家先后颁布实施了"气十条""水十条""土十条"和新环保法，为打击环境违法犯罪提供了法律支撑。

生态文明建设还必须正确处理好环境与经济关系的战略定位问题。习近平总书记在 2017 年就明确指出，坚决摒弃损害甚至破坏生态环境的发展模式，坚决摒弃以牺牲生态环境换取一时一地经济增长的做法，让良好生态环境成为人民生活的增长点、成为经济社会持续健康发展的支撑点、成为展现我国良好形象的发力点。切实有效地保护环境，必须坚持"人与自然是生命共同体"的理念，既要防止"人类中心主义"的极端，也要避免"自然中心主义"的极端。关于从全局上如何推动落实"绿水青山就是金山银山"原则，习近平总书记强调，要贯彻创新、协调、绿色、开放、共享的发展理念，加快形成节约资源和保护环境的空间格局、产业结构、生产方式、生活方式，给自然生态留下休养生息的时间和空间；建立以产业生态化和生态产业化为主体的生态经济体系等。

总体来看，中国在最近的百余年间以西方为师，不恰当的现代化追求方式，既造成自然生态平衡的破坏，又造成人类社会所创立的文化生态平衡的破坏，也就是说，在"经济为纲"的中国，人们的生态权益、文化权益等基本权益都不同程度地受到侵害。生态权益是在人与自然的紧密联系中形成的，也是始终伴随人类生存和发展的最基本的权益。马克思主义认为，生态权益是直接影响人的生存和发展的具有基础性和根本性的重要权益。人的一切生存条件，如衣食住行等都与自然环境存在紧密的、不可分割的联系，任何人都无法脱离自然界而存在和发展，自然环境对人的自由全面的发展有着直接的决定性影响。同时，在现实生活中，不论一个人拥有的金钱和地位如何、道德水平或精神境界的高低如何，也不论他自身的力量有多强大，都无法脱离自然界而存在和发展，总是处于与自然环境的各种联系之中的。生态权益就是人在与自然界发生关系的过程中对于自然环境的基本权利以及行使这些权利所带来的各种利益。如占有自然环境资源以及享受自然环境资源、利用自然环境资源的各项权利以及所带来的各种利益。总之，生态环境是人存在和发展的物质基础，对人的一切权益都不能脱离生态环境而孤立地考察。优良的自然环境有助于人的各种权益特别是生态权益的实现，对于实现马克思主义主张的"人的自由全面的发展"起着十分重要的作用。

四、结语：刷新认知的新冠肺炎疫情与生态启蒙

2020 年 3 月 11 日，世界卫生组织宣布，新冠肺炎（COVID-19）疫情已经构成全球性"大流行"。如今看来，此次疫情的广泛性和严重性远远超出人们的预料，病毒的传播速度和危害程度远远超出人们的想象，封城禁足、闭关锁国不得不为，许多国家被迫进入"紧急状态"。这次疫情猝不及防，特别是相关科学知识的匮乏，令世界各地的医护人员中招，更让公众恐慌。诺贝尔文学奖得主、法国作家阿尔贝·加缪在小说《鼠疫》中说："人世间的罪恶几乎总是由愚昧造成，人如果缺乏教育，好心也可能同恶意一样造成损害。"在与自然和自然界生灵的相处之道上，人们确实充满了愚昧与无知。每一次病毒的来袭，都是大自然对人类清洗后的警告，生命的倒计时钟已然敲响，人类必须做出抉择、付诸行动，以保护我们自己、保护我们的地球和保护我们的下一代。盼望这次新冠肺炎疫情早点过去，等到一切安好时，我们还能铭记教训，不再让病毒出现。

庚子之春的新冠肺炎疫情全球大流行，是对全人类的一次生存考验，

再次从反面印证了生态文明建设的必要性和紧迫性，其背后的核心问题是人类以什么方式对待自然和影响自然。马克思认为，自然是"人类无机的身体""人靠自然生活""自然的解放是人的解放的手段"。这说明，人与自然是生命共同体，人与自然之间应该建构起平等秩序，进而形成和谐共生关系。但是，现实中人的实践活动指向和行为方式往往存在诸如人与自然"主奴式"关系，以及无限放大人的物质欲望等有悖于人与自然和谐共生关系的活动形式和行为方式。同时，对于疫情后期的抗疫常态化与经济"重启"、社会"复苏"之间如何平衡，以及后新冠时代的社会反思如何深入，都是世界性的复杂难题，人们期待人类文明再次出现整体性启蒙。

当前，人类对新冠肺炎疫情的知识需求早已经超越医学和公共卫生的范畴，转而进入更深更广的全球政治、经济、文化的向度。客观地说，此次新冠肺炎疫情不可避免会对中国和全球经济社会造成较大冲击。在这段艰难时期，我们必须要用全面、辩证、长远的眼光看待我国的发展，要增强信心、坚定信心，更要保持推进生态文明建设的战略定力，不能因为经济发展暂时遇到一些困难，就开始想着走回头路如铺摊子上项目、以牺牲环境换取经济增长等，我们必须坚定不移推动以生态优先、绿色发展为导向的高质量发展，必须坚定不移奉行"绿水青山就是金山银山"的理念。习近平总书记一再强调说"环境就是民生，青山就是美丽，蓝天也是幸福"。简言之，发展经济是为了向民生改善提供物质基础，而保护生态环境则是直接向民众提供最普遍、最公平、最直观的"民生公共产品"。我们要学会向绿色要美丽，加快从山水绿色到全域绿色的转型；向绿色要品牌，加快从生态优势到发展优势的转型；向绿色要发展，加快从产业基地到产业高地的转型；向机制要长效，加快从生态倒逼到生态自觉的转型。

174

傅守祥：山东利津人。新疆大学教授、博导、天山学者。当选中外语言文化比较学会、中国电视艺术交流协会常务理事；伦敦大学、布朗大学等访问学人。主要从事文化哲学与文艺美学研究。主持国家社科基金5项、省部级课题7项等，在《哲学研究》《文学评论》《新华文摘》《中国社会科学文摘》等刊文300多篇，出版《审美化生存》《文化正义》《文化赋能》《文化诗学》《欢乐诗学》《文心相通》《重识经典》等专著13部，获"啄木鸟杯"中国文艺评论优秀作品、中国妇女研究优秀成果奖、浙江省哲学社会科学优秀成果奖、浙江大学董氏文史哲优秀成果奖、浙江文艺评论奖等50多项。

魏丽娜：安徽铜陵人。湖州师范学院教授、硕导；入选浙江省"之江青年社科学者"、南太湖优秀文化人才。剑桥大学访问学者（国家公派）。主要从事比较诗学与跨文化传播研究。主持中国博士后科学基金项目及省部级课题7项等，在《文学跨学科研究》《外国文学研究》《浙江社会科学》《中国文艺评论》《中国社会科学文摘》等刊文50多篇，出版专著《普拉斯诗歌意象研究》等2部、译著《印度童话》等。荣获浙江大学、国家外文局等学术奖10余项。

吴清鉴

《裂开的星球》与《红胸鸟》生态文学
创作的方法论意义

吴清鉴

    吉狄马加的新作长诗《裂开的星球——献给全人类和所有的生命》（以下简称《裂开的星球》）是一首政治抒情诗，但里边有很大篇幅属于生态诗范畴。在这首诗里，诗人表达了"献给全人类和所有的生命"这个审美理想（里边有较大篇幅，表达的是生态审美理想。）诗境宏大壮阔，诗意振聋发聩，具有强烈的感染力和震撼力。

    华海的《红胸鸟》，是华海最近创作的生态散文诗的一个集子。据有关学者说，它将是国内第一部自觉写作的生态散文诗集。诗人想通过回归自然，观察、体验自然界的鸟类、植物以及山林、河流，探索人与自然的关系，追问反生态的行为，从而建构人与自然和谐共生的诗意栖居。更加难能可贵的是，华海几十年如一日，在生态文学创作领域笔耕不辍，为人类生态鼓与呼。有学者称其为中国生态诗第一人。

    吉狄马加《裂开的星球》与华海的《红胸鸟》，我们认为，对于生态文学创作，至少有以下几方面的方法论意义。

一、要关注当下，坚持生存状态下的自觉性

    近年来，酸雨蔓延，疫情迭现，暴雨、干旱、泥石流、沙尘暴、地震等自然灾害频繁发生，物种灭绝、厄尔尼诺现象加剧，越来越恶化的

自然环境威胁着人类的生存和发展，也越来越逼着人类关注生态、维护生态、修复生态。生态实践已经越来越紧迫。而生态文学的创作，明显滞后。这方面，吉狄马加与华海等名家表现出了高度的自觉。他们一是坚持书写的自觉，一是坚持呐喊的自觉。去年以来，谁都经历了新冠肺炎疫情，面对全球的天灾人祸，写出有分量生态文学作品的，寥若晨星。吉狄马加以 528 行的长诗，华海以近 4 万字的散文诗集，集中表现了人类生存危机的这一重大时代主题。吉狄马加长诗一发表，即引起社会的强烈反响；华海《红胸鸟》第一版发行就售罄，出版社近期又再版发行。

生态问题已是重大的政治、社会问题，理所当然地也是文学创作的重大主题。而且，生态实践，人人尽在其中，这方面的创作，应当繁荣起来。广东清远，作为一个地级市，生态文学创作，已经连接世界。他们有生态清远征文比赛平台，生态诗歌节平台，国际生态诗歌笔会平台，等等。出现了以华海为领头羊的生态文学创作群体，成了生态文学创作园地里的"清远现象"。而我们，在生态文学创作方面，还缺乏一定的倡导和鼓励。即使发表的生态文学作品，也淹没在其他文学作品之中，一定程度上弱化了人们对生态文学的关注。国家层面上已经有了《生态文化》杂志，如何发挥好这个平台的作用？需要国家层面的重视和支持。比如生态文化杂志社创建全国生态文学网、开展生态文学征文活动、举办国家级生态文学创作研讨会，等等，给予组织上和经费上的支持，营造氛围，扩大传播，从而吸引越来越多的文学工作者和文学爱好者参与其中，使生态文学创作的质量和数量，与我们的生态实践相匹配，进而影响、警醒、鼓舞、召唤、团结广大人民群众产生生态自觉，并能积极投身生态实践，让生态文学发挥其应有的作用。

愿吉狄马加的自觉、华海的自觉，成为全体文学工作者和文学爱好者的自觉，让祖国大地上，生态文学创作的春风，吹起来。

我们党历来重视文艺，喻文艺为轻骑兵。在中国革命和建设中，文艺紧跟政治主题、斗争主题、社会主题、时代主题等等，一直发挥着无可替代的作用。生态问题，已经成为关乎人类生死存亡的大问题，不管你承认不承认，重视不重视，行动不行动，它就在那里，实实在在地存在着，而且，一旦引爆，破坏力巨大。因此，怎么重视都不过分。如何让文艺在生态实践中成为"轻骑兵"，把生态文学创作与传播，突出地并持之以恒地抓下去，实在是一件天大的事。

"美丽中国"将给世界提供生态样板，提高全中国人民的自觉性，调动一切可以调动的力量投身其中，文艺不可缺席。时代和历史，期待着。

文学的自觉，前头，必定是人类的自觉。

二、要关注世界，坚持系统框架下的全球性

生态问题，不是一地、一国，或者南半球，或者北半球的问题，它以天地为一个系统，与全人类息息相关。

回视我们的生态文学创作，绝大多数的背景，都局限在一地，或者一域。因此，传递的生态危机感，较弱。

吉狄马加长诗中关于生态部分的表达，则是在俯瞰中写地球与人类：

它跨过有主权的领空 / 因为谁也无法阻挡 / 自由的气流

从非洲对野生动物的疯狂猎杀 / 已让濒临灭绝的种类不断增加

从地球第三极的可可西里无人区 / 雪豹自由守望的家园也越来越小

从刚果到马来西亚森林对野生动物的猎杀 / 无论离得多远，都能听见敲碎颅脑的声响。

——何等触目惊心？这是人类自己在撕裂地球。

华海直面新冠，他在《红胸鸟》中以日记的方式写道：

2020 年 3 月 21 日

在 178 个国家和地区 25085 例确诊、10389 例死亡面前，我的诗歌

失语。

只听到一个人被风吹落的呼吸，那么急促而短暂。可能是任何一个人，可能是你，或者是我，甚至来不及留下遗嘱。回头那一眼，就是生死相别。

2020年3月27日

数次醒来，下意识地翻看手机：国外疫情更新至2020年3月27日00：42. 现有确诊346466，累计确诊408650，累计治愈4332人，累计死亡18864人……

雨声，在黎明时停下。

坐在寂静中，只听到一点细微的响动，是雨滴或者落花？

他甚至有点大声疾呼了：

虚拟的边界线挡不住。病毒没有国籍、种族和信仰，也没有性别。

它戴着花的王冠，是那荒唐的自由。

人啊，为什么还不放下宿怨？

多少城池，已被最小的敌人攻破。

《裂开的星球》，是真正广角镜头下的全球视野；《红胸鸟》是国内生态立于世界背景下的创作，虽少广角镜头，但由于突出了对比度，所以并没有减弱整体性。这两个创作，给我们以警示的力量。

在新世纪开始之际，全球环境就已到危险的十字路口。目前，全球生态系统正向危险的临界接近。环境作为地球的生命保障系统，公认是一个不可分割的整体。没有东方和西方、南方和北方之分。生态环境把全世界各国紧密地联系在一起，环境污染更无地理边界而言。全球人类安全的新概念、新要求，迫使世界各国建立一种积极、务实的相互联系的新框架。生态文学，必须关注这些问题。

生态问题，归根结底是人的意识问题。正确的意识要弘扬，错误的意识要针砭，而影响人的意识，文学艺术可谓英雄大有用武之地。

综上，吉狄马加和华海的生态文学，高屋建瓴，让我们得以窥一斑而见全豹，所以，传递的生态危机感，撼人心魄。

生态文学创作的全球视野，向文学工作者和文学爱好者提出的要求是很高的。它提醒我们，不但要时刻关注身边的生态问题，还要时刻关注世界各国的生态问题。要善于搜集素材、善于分析、善于提炼、善于透过现象看本质，找到最能引人眼球、最能救治人性、最能打动人心的角度构思，写出无愧于心、无愧于时代的好作品。

诚然，关注生态文学的全球性，要求我们要摒弃意识形态和政治立场，客观公正的书写。无论是搜集素材、分析问题、构思创作，都不得随意夸大一国的问题，或者任意隐匿一国的成绩，更不得向别国甩锅。说到底，创作全球视野的生态文学，公平正义是第一位的。否则，就奢谈文学作品的感染力和教化作用。

还有一点需要提及，就是：关注世界，并不是要排斥本土创作。任何人的文学创作，不可能离开本土和自己熟悉的领域与题材，只是有的创作可以限一地，限一事，限背景，生态创作不行，因为生态是一个牵一发而动全身的巨大系统。不是说亚马孙热带雨林中一只蝴蝶扇了一下翅膀，几个星期后，就会引起美国得克萨斯州一场风暴吗？就是这个道理。因此，写生态，即使写一草原、一森林、一河流，都不能孤立地、静止地去写，而应当或隐或显地写出与整体的联系。把生态放到全球视野里去写，这样，寓意才会深，你的创作才更有意义，也才能发挥生态文学更大的作用。

文学的举世，前头，必定是人类的举世。

三、要关注持续，坚持发展理念下的批判性

文学从来不应当是粉饰太平的。世界有那么多的灾难和过错，文学

失明了，整个世界将是一片黑暗。

好在，吉狄马加是清醒的。他在《裂开的星球》中写道：

天空一旦没有了标高，精神和价值注定就会从高处／滑落。旁边是受伤的鹰。

我在20年前就看见过一只鸟，／从城市耸立的／黑色烟囱上坠地而亡，这是应该原谅那只鸟／还是原谅我们呢？天空的沉默回答了一切。"

"在这里为了保护南极的冰川不被更快地融化，／海豚以集体自杀的方式表达／抗议，拒绝了人类对冰川的访问。

如果要发出一份战争宣战书，哦！正在战斗的人们／我们将签署上这个共同的名字——全人类！

华海也是清醒的。他在《红胸鸟》中写道：

蚂蚁和野草交头接耳："天是什么？"蜜蜂猜道："大约是上面那些空空的洞。"

风愕然抬头，第一次发现，天空被树的枝枝杈杈分割成了无数奇怪的几何图案。

西伯利亚冷空气被挡在冬天的门外，我们无法回到一个季节，就像荒原上的孩子迷失了回家的路。

气温，一遍遍把冬天涂改成春天，阳光却无法穿越雾霾。我们被封闭在一间温暖的房子里，听到温水煮青蛙的预言，却又茫然无措。

欲望张开一对巨蟹的双钳，夹住一颗蓝色星球。绿树、鲜花、昆虫、飞鸟、野兽……没有一种自然界的生物能够满足它巨大的胃，经过咀嚼、反刍、吸收，然后排泄出一堆堆钢铁的森林和控制人类自己的智能机器人。

智能机器人发出指令：用左手砍下右手，吃身体的肉充饥，喝血管的血止渴！

两位诗人的批判性，在诗意的前提下，吉狄马加的犀利、明晰一些，华海的平和、含蓄一些。吉狄马加的批判，直逼人性。仿佛让诗象揪着人类的耳朵在质问。华海的批判，是把人引入一个特设的情境，启发人自我认知，自我反省。

我们说，对批判性所持的不同态度和包容性的大小，几乎可以说决定一个人或者一个民族社会的发展趋势。由此，我们敢于断言：没有批判精神的人类，与木偶无异；没有批判精神的社会，是羊群的聚居地；没有批判精神的民族，注定要落后挨打；没有批判精神的人，不是完整意义上的人。

生态的现实，呼唤批判精神。

文学的批判，前头，必定是人类的批判。

四、要关注实践，坚持现实视野下的反思性

自觉性、世界性、批判性，不是目的。反思才是目的。

吉狄马加带着我们一起反思——

人类为了所谓生存的每一次进军 / 都给自己的明天埋下了致命的隐患

其实每一次灾难都告诉过我们 / 任何物种的存在都应充满敬畏

以最弱小的生物的侵扰和破坏 / 都会付出难以想象的沉重代价

善待自然吧，善待与我们不同的生命，请记住！ / 善待它们就是善待我们自己，要么万劫不复。

吉狄马加的反思，谁能不被震撼？因为，这一切，一切的一切，都在我们的视觉里、听觉里，有些，甚至就在我们的手上。

华海在带着我们一起反思——

这个时候，是该听听风的声音，树的声音，和山中泉流的声音。这些，其实就是远去的本源和良知，与我们心中留存的温暖相似。

在陡峭的悬崖边，当一阵风掠过的时候，你更紧地抓住身边的一根

青藤。

怎么错到这一步的？还能回到原来的路上吗？

小小病毒摇撼地球，没有人是局外人。

是的！生态破坏了，受影响的、受祸害的，甚至遭受毁灭的，是整个人类，没有人是局外人。

一个缺乏反思的社会群体是可悲的。一个丧失反思能力的民族必有大灾大难。同样，一个丧失反思能力的世界，前头，也一定有全人类的大灾大难。——在生态面前，一切政治制度，再强大的军事力量，再强大的经济实力，任何财团，任何个人，都不堪一击。

我们前进的真正动力，只能来自于反思。

生态文学，一定要有反思的能力。因为，我们的生态实际，已经危机重重。

文学是人学。吉狄马加、华海们，通过先于社会的认知，影响和带动全社会的认知。愿生态文学领域里反思的好作品越来越多，层出不穷。

诗人是一个时代的童真。诗人的反思，有可能浅陋，但绝对深切；有可能偏激，但绝对忠诚；有可能片面，但绝对求真。诗人的反思，不是多了，而是少了。时代给诗人有多少宽容，就有多少进步。

我们说，反思才能换来觉醒。反思才能换来解决方案。反思力是真正的行动力。

文学的反思，前头，必定是人类的反思。

吴清鉴：江苏盐城人。有生态诗作在《扬子江》《草原》等刊发表。

清远生态文学品牌打造探析

吴晓瑶

吴晓瑶

生态兴则文明兴，生态衰则文明衰。生态环境保护是关乎祖国发展、人民幸福生活的千秋大业。党的十八大以来，以习近平同志为核心的党中央高度重视生态文明建设，形成了系统完整、逻辑严密的生态文明思想理论体系，成为新时代推进生态文明建设的根本遵循。

清远生态文学品牌就是结合习近平生态文明思想指示精神、植根时代沃土、地域特征而打造的清远本土文学品牌，打造清远生态文学品牌不仅会鼓励推动清远地区生态文学发展，推动文学创作、文艺评论繁荣发展，而且对传播绿色发展理念，夯实生态文明建设的精神基础有重要意义。本文基于清远生态文学发展现状，探究清远生态文学品牌打造路径，以求为清远生态文学品牌打造提供有益参考。

一、搭建生态文学平台，举办生态文学主题精品活动

2008 年 5 月 17 日清远召开的"生态与诗歌暨华海生态诗歌国际学术研讨会"，首次明确提出生态诗歌的概念，在社会各界产生了深远的影响，此后清远开始举办的清远诗歌节多与生态主题相关。诗歌研讨会邀请海内外诗人、学者齐聚清远展开研讨，让不同文化地域、不同知识背景的诗人、学者进行一次关于生态诗学的思想交流碰撞，既能让多元的诗歌的艺术和审美观"走进来"，启发本土生态文学作品创作，又能树立

清远的绿色生态城市形象，打响清远绿色城市名声。我们可以看到高质量的文学活动不仅功在文学，还能利于经济、政治、文化、社会、生态等领域发展。

要打造文学品牌，首先可以策划筹办一些高质量的文学活动，包括主题征文活动、文学高峰论坛、诗歌朗诵分享会、读书会等，用高质量、高规格的主题活动将国内外优秀的生态文学创作者吸引到清远来，让清远成为生态文学交流创作的大本营。同时每个月甚至每周都可以在图书馆、文化馆、学校、社区图书室举行相应的研讨会、朗诵分享会等小型交流会，让各个年龄段的群众参与到生态文学作品创作品析中来，让清远生态文学成为生态文学领域一个绕不开的话题。

打造文学品牌，还要搭建相应的交流平台，一方面我们可以借助传统纸媒，在《清远日报》《飞霞》等刊物上开设生态文学专栏。征稿内容和体裁要多样化，不仅仅可以发表诗歌、小说、戏剧、散文等体裁的作品，还可以刊登如三行情诗、微小说等作品，甚至探讨生态文学的一句精彩的评论都可以进行收集然后以专题策划的形式发表。这样降低了参与生态文学作品创作的门槛，丰富了生态文学的内容。

另一方面我们可以借助互联网，让新媒体和传统纸媒互为补充，新媒体不如传统媒体严肃，有其独特的优势，它可以让信息传播更为快速便捷、每个人不仅仅是信息的被动接受者也是信息的即时发布者，表现形式也更为多样：音频、文字、视频都可以融为一体。利用微信公众号、微博、网站我们不仅可以更快速地推送文章，更重要的是新媒体提供了编辑与读者、读者与读者间便利交流的入口，一个"评论"的按键、一条链接或者一张二维码，都打开了交流的大门，随时都能进行一场精彩的思想交锋。

我们不仅仅需要吸引优秀的创作者走进清远，参与生态文学作品创作，还要努力推动主题活动、征文征稿作品"走出去"，将文稿推荐到合适的国内甚至世界级的比赛、报刊中去，在更大的舞台上呈现清远生态文学平台搭建以及生态文学主题精品活动举办的成果、更大范围地传播清远生态文学品牌优质内容，提高清远生态文学品牌的影响力。

二、传递绿色生态理念，打造生态文学空间地标

生态文学是以生态作为创作和表现对象的一种文学形态。清远作为北部生态发展区的重要城市，境内有丰富的生态资源，有大量已开发的生态风光景区：如清远市古龙峡、广东第一峰、连州地下河、连南千年瑶寨、英西峰林……。生态文学品牌建设应充分利用这些生态风景区：一是将精品文学活动与生态风光景区联动，可以将活动地址选在风景区内，让诗人、作家到景区采风，创作相关的作品，这有利于生态文学品牌打造，是文化、经济双赢的选择。二是可以编纂如"清远生态文学十大采风地""生态风光景区名录"等名录册，将生态风光景区打造成生态文学空间地标，对针对该地创作的诗歌、游记进行收集整理，让游客可在实地游览之前就能通过文章对景区有大致的了解，从而更深刻地感受景区每一个精彩细节。

另外，我们可以打造专门的公共文学空间，如岭南书院（江心岛书院）、诗歌资源馆、创作基地等，提供文学交流、文学创作、文艺理论学习等文艺活动的场地，成为生态文学品牌建设的大本营。

三、挖掘生态文学品牌价值，开发生态文化产品

清远生态文学品牌是人们对清远生态文学产品及产品系列经济、文化、社会价值的整体评价以及认知，要检验生态文学品牌的建设成果就必须将相应的文化产品和服务产业放到市场上，尝试将"文学"转变为

"文化产品"，检验品牌的市场认可度和价值。

2021 年 10 月 10 日，清远文艺界精心打造的《生态文学丛书》举行首发式，其中收录了清远本土作家和外地名家在清远所写的生态文学作品，是清远生态文学发展的新突破，也标志着中国生态文学又向前迈了一步。生态文学作品的出版是一件喜事，除了作者自身收藏以及书院馆存以外，可以通过定点捐赠的方式把已经出版或者未来将要出版的清远生态文学出版物捐赠到各县乡、社区、单位图书馆传阅收藏，更重要的是要让书籍进入市场，观察书籍在市场的销量和市场反馈来调整清远生态文学品牌建设的方案。

中央美术学院郝凝辉教授说，"在物资极大充裕、信息过载的当下，消费者对'形式服从功能'的产品多少产生了一些厌倦，而此时，'形式服从情感'、承载一定文化符号和内涵、能够使一件成本极低的产品附加值增加十几倍甚至几十倍的消费品，更加受到用户的青睐"。清远生态文学品牌拥有专有的元素、精神，通过理解、诠释可以创造出相应的文化创意产品。文创不是在产品上简单印个 logo 去生产，而是需要经过理念提取、文案打磨、创作设计、品类选择……每一个环节细致打磨而设计创造出来的产品。要做好适应时代贴近生活的文创产品，可以与设计团队或者设计工作室合作进行联名共创，也可以举办清远生态文学品牌文创产品设计大赛，充分发挥人民群众的创造力，开发出符合当代审美的产品，让清远生态文学不止于文学，更是一种清远符号，甚至可以走进纪念品商店成为外地游客愿意带走，本地居民愿意推荐的"伴手礼"。

四、激发文学创作"链式效应"，发展生态文学

以生态文学为中心，可以将生态文学内容与各文艺领域结合，衍生出一系列的生态文艺产品，比如和音乐、歌舞、戏剧、影视结合可以创

造出生态主题歌曲、生态主题影视剧、生态主题舞台剧、生态主题电影等，主题歌曲可以成为主题影视剧的配乐、主题舞台剧可以为主题歌曲提供使用场景。以生态文学 IP 为中心，打通生态文艺产品之间的内部循环，最大限度地发挥生态文学的价值。同时也能逆向激励生态文学的发展进步。

结语

清远作为"一核一带一区"区域发展格局的生态发展区中的重要城市，应牢牢抓住生态优先和绿色发展的机遇，以生态发展区功能定位为引领，打造清远生态文学品牌，把绿色生态打造为清远的核心竞争力，有利于缓解环境问题，构建人与自然相处的可持续发展社会。

吴晓瑶：女，清远连州人，广东省青年产业工人作家协会会员，现工作于连州市公安局，热爱文学，独自玩味，自得其乐，作品散见于《看我韶华》《铿锵相约》《韶关日报》《连州文艺》等。

二、清远第三届生态文化高峰论坛相关报道

广东清远第三届生态文化高峰论坛在线上举行

12月4日，"生态、人文、生活的对接和融合"——广东清远市第三届生态文化高峰论坛在线上线下举行，清远岭南书院（江心岛书院）设线下主会场。来自北京、武汉、广州等地近10所高校、科研和文化单位的著名专家学者与清远本地专家、作家、诗人通过线上、线下的方式齐聚一堂，分别从"清远＆生态""生态批评前沿""生态文明构建的维度""生态与诗意栖居"四个方面展开研讨，为生态文化与生态文明建设建言献策。

此前两届生态文化建设研讨会的成功举行，获得了来自全国各地的专家、学者，以及多家媒体的关注，并在大家的研讨中产生了不少理论成果。因为疫情的原因，第三届生态文化高峰论坛只能以线上的方式举行，在疫情还在全球肆虐的背景下召开这个生态文化方面的研讨会，有着一种特殊的意义。可以说是"云端风暴，思想汇聚"。

生态文化是生态文明建设的先行者

国家林业和草原局宣传中心副主任王振认为，生态文化是生态文明实践的引领和先导。他在会上谈到，可以从倡导生态伦理道德、保护传承生态文化遗产、发展生态文化教育、繁荣生态文化创作、打造生态文化品牌、推动生态文化产业发展等方面进行生态文化建设。国家林业和草原局也正在不断采取措施，推动生态文化建设。

中国林业文学艺术工作者联合会秘书长曹靖提到:"新时代的生态文学艺术创作要紧扣人民群众的生态文化需求,多出精品力作。"他鼓励广大文学艺术家和文化学者,深入生态保护的一线,积极创作弘扬时代主旋律的生态文学艺术作品,努力开创生态文学艺术创作的新局面,同时,也可以在全社会牢固树立生态文明价值理念,为推进生态文明和美丽中国建设提供精神动力和文化条件。

人民文学杂志编审杨海蒂说,生态文学有自己的使命与担当,她认为,"为天地立心,为生民立命,为往圣继绝学,为万世开太平"最是生态文学的价值旨归。当今,影视的全民普及、摄影的空前发达、网络的如火如荼,导致文学空间被大为挤压,时代的变迁、题材的限制、环境的恶化,都是生态文学写作的瓶颈。面对如此困境,我们必须探索新的出路,力图更多更大的创新突破。

主办方代表、清远市社会科学界联合会党组书记、主席李贤成表示,举办本次高峰论坛,旨在搭建平台,汇聚智慧,为清远的生态文化发展提供智力支持和学术支撑。通过理论研讨,探索清远生态文化发展的新路径,推动清远成为生态发展的新标杆。

聚焦生态批评前沿

文艺评论家、《北江》执行主编马忠以"揭开'清远生态诗歌'的面纱"为题,对清远生态诗歌的出现、主张、行动及特征进行了介绍。他指出,地处粤北的清远,是一座绿色的城市,也是一个诗歌之城,"清远生态诗歌"作为一个独特的地域文学形态和现象正在引起文学界和社会的广泛关注和反响。

广东省科技干部学院中文二级教授、中国作协会员、一级作家杨文丰则以吹气球作喻,形象地表达了自己对生态散文容量扩充的见解:"每一篇生态散文都有必要以艺术手法或策略，最大限度地扩充容量，犹同给气球充气，在不爆破的前提下以达最大的容积。"他认为，任何一位想有所作为的生态散文家都应该有想做生态思想家的"野心"，至少也该是生态思想者。他同时提出"小生态散文"和"大生态散文"的概念，前者与后者相比，仅仅针对人和自然的关系，而未能更深入精神生态和社会生态，缺乏一定的深度与广度。

推动生态文明构建，关键在人的理念

清华大学生态文明研究中心研究员，原清华大学哲学系教授、博士生导师卢风以"消费主义与绿色生活方式"为题进行分享，他提到，物质主义的消费主义是全球性生态危机的文化根源，但建设生态文明只需要超越物质主义，不需要超越消费主义。绿色消费主义是与物质主义脱钩的消费主义。绿色消费主义激励人们的非物质消费，但反对物质消费的攀比。绿色消费主义支持绿色生活方式。

《生态文化》杂志主编胡伟在谈到清远生态文学创作的价值时表示，清远生态诗歌作为生态文学龙头品种，有效带动了清远生态文明建设事业，对广东乃至全国的生态文明建设都是一个很好的借鉴。他同时提到生态文学对自然、国家、社会、个人的矛盾，具有独特的消解作用。生态文学应该从科技、机制、实践等更高维度，提升水平，服务读者。

生态与诗意栖居

岭南书院执行院长茉莉在会上分享了江心岛对清远本土生活方式的营造与想象，她认为，生态、人文与生活三者融合的载体只能是人，人的存在，让生态场景、人文空间与生活方式具有了文化的意义。

著名生态诗人、清远市委宣传部副部长、文明办主任戚华海谈到，清远的生态文学立足于"看得见山，望得见水，记得住乡愁的"吾乡吾土，让文学的触角进入生态地理和与它相伴而生的人文地理、艺术地理表现丰富多样的生态实践，构建一个面向未来的、人与自然和谐共生的"诗意栖居"。其次清远的生态文学正引导人们参与对"绿色生活"的追求，让人们更加珍爱身边的环境和自然，并投身到环境保护和生态文明的实践当中去。

他指出，人与自然往往是分离的，所以现在生态文学要做的就是引导人们回归自然，重新和自然建立联系，建立一种审美关系，在这种回归当中，在潜移默化中影响人的心灵和精神，进而重新调整人和自然的关系，自觉形成一种建构性的"生态伦理"和"生态理想"。

《生态文化》杂志副主编冯小军，清远日报社编委樊沃夫，上海交通大学人文学院长聘副教授、广州市黄埔区作家协会副主席龙其林，广东省文学理论研究会副会长、广东财经大学创意文化与写作研究中心主任田忠辉，广东科贸职业学院的老师苏雪婷，中山大学中文系教授、博士生导师陈希也都从不同角度阐释了生态文学在生态文明建设中所起到的作用。

本次活动由中共清远市委宣传部指导，中国林业文学艺术工作者联合会、清远市社会科学界联合会主办，清远市社会科学服务中心、《生态文化》杂志社、清远市一默智库创新中心承办，岭南书院（江心岛书院）协办。（光明日报全媒体记者王忠耀）

清远第三届生态文化高峰论坛相关媒体报道截图

云端风暴 思想汇聚！清远市第三届生态文化高峰论坛在岭南书院（江心岛书院）举行

2021-12-05 22:30:36

云端风暴，思想汇聚。12月4日，"生态、人文、生活的对接和融合"——清远市第三届生态文化高峰论坛在岭南书院（江心岛书院）举行，逾20位来自北京、武汉、广州等10所高校的著名生态文化专家学者与清远本地专家、作家、诗人通过线上、线下的方式齐聚一堂，分别从"清远&生态""生态批评前沿""生态文明构建的维度""生态与诗意栖居"四个方面展开研讨，为生态文化与生态文明建设建言献策。

新华号

广东清远第三届生态文化高峰论坛在线上举行

光明日报客户端　⊙ 119.1万

　　12月4日，"生态、人文、生活的对接和融合"——广东清远市第三届生态文化高峰论坛在岭南书院（江心岛书院）举行。逾20位来自北京、武汉、广州等10所高校的著名生态文化专家学者与清远本地专家、作家、诗人通过线上、线下的方式齐聚一堂，分别从"清远&生态""生态批评前沿""生态文明构建的维度""生态与诗意栖居"四个方面展开研讨，为生态文化与生态文明建设建言献策。

　　此前两届生态文化建设研讨会的成功举行，获得了来自全国各地的专家、学者，以及多家媒体的关注，并在大家的研讨中产生了不少理论成果。因为疫情的原因，第三届生态文化高峰论坛只能以线上的方式举行，在疫情还在全球肆虐的背景下召开这个生态文化方面的研讨会，有着一种特殊的意义。可以说是"云端风暴，思想汇聚"。

　　生态文化是生态文明建设的先行者

　　国家林业和草原局宣传中心副主任王振认为，生态文化是生态文明实践

您的位置：广州日报大洋网首页 > 新闻频道 > 广东 > 正文

第三届清远生态文化高峰论坛将在线上举行

2021-11-16 21:36 来源:大洋网

分享

记者今天从清远市文明办获悉，12月4日，第三届清远生态文化高峰论坛将在线上举行。

作为广东的生态发展区，清远肩负筑牢粤北生态屏障的重任，为了更好地实现清远的"生态理想"，进一步促进清远生态文明的建设，清远市社会科学服务中心联合《生态文化》杂志社共同举办第三届广东清远生态文化高峰论坛，旨在搭建平台，汇聚智慧，为清远乃至全国的生态文化、生态文明发展、生态发展新标杆和绿色健康生活提供智力支持和学术支撑。

除了线上的高峰论坛，清远还特向全社会发起生态文化论文的征文活动。此次征文的主题是"生态、人文、生活的对接和融合"。期望能够探讨生态文化建构在生态文明建设中的意义，并能让生态文化进入到人们日常的生活。

征文可以从宏观层面侧重理论思考，亦可从微观层面侧重具体实践。

宏观层面，可以探讨在生态文明建设中如何推动生态文化从观念、制度规约、生活形态、人的行为等方面发挥引领、贯穿、渗透、融合作用，通过影响社会的实践行为，让生态文明从精神层面进入物质层面，直抵日常。

微观层面，可以从清远的生态文明建设实践切入，如清远生态文学（生态诗歌）品牌打

195

【人文广东】云端风暴，思想汇聚！清远举行生态文化高峰论坛

 广东学习平台
2021-12-08

+订阅

作者：陈柔汉，裘学宝

云端风暴，思想汇聚。12月4日，"生态、人文、生活的对接和融合"——清远市第三届生态文化高峰论坛在岭南书院（江心岛书院）举行，逾20位来自北京、武汉、广州等10所高校的著名生态文化专家学者与清远本地专家、作家、诗人通过线上、线下的方式齐聚一堂，分别从"清远&生态""生态批评前沿""生态文明构建的维度""生态与诗意栖居"四个方面展开研讨，为生态文化与生态文明建设建言献策。

生态文化是生态文明建设的先行者

"生态文化是生态文明实践的引领和先导。"国家林业和草原局宣传中心副主任王振认为。他谈到，可以从倡导生态伦理道德、保护传承生态文化遗产、发展生态文化教育、繁荣生态文化创作、打造生态文化品牌、推动生态文化产业发展等方面进行生态文化建设。国家林业和草原局也正在不断采取措施，推动生态文化建设。

15:17

× 阅读量破百万！清远生态文化... ⋯

阅读量破百万！清远生态文化高峰论坛引发持续关注

2021-12-10 19:00:19

全面推进乡村振兴

近日在清远举办的第三届生态文化高峰论坛上，来自清华大学、武汉大学等10所高校的专家学者为生态文化、生态文明建设建言献策，论坛举办后得到持续关注，学习强国

广东清远第三届生态文化高峰论坛在线上举行

光明日报客户端 光明日报全媒体记者王忠耀 2021-12-05 17:10

　　12月4日，"生态、人文、生活的对接和融合"——广东清远市第三届生态文化高峰论坛在岭南书院（江心岛书院）举行。逾20位来自北京、武汉、广州等10所高校的著名生态文化专家学者与清远本地专家、作家、诗人通过线上、线下的方式齐聚一堂，分别从"清远&生态""生态批评前沿""生态文明构建的维度""生态与诗意栖居"四个方面展开研讨，为生态文化与生态文明建设建言献策。

　　此前两届生态文化建设研讨会的成功举行，获得了来自全国各地的专家、学者，以及多家媒体的关注，并在大家的研讨中产生了不少理论成果。因为疫情的原因，第三届生态文化高峰论坛只能以线上的方式举行，在疫情还在全球肆虐的背景下召开这个生态

阅读量破百万！清远生态文化高峰论坛引持续关注

2021-12-10 19:00:14　来源 张文华

全面推进乡村振兴

近日在清远举办的第三届生态文化高峰论坛上，来自清华大学、武汉大学等10所高校的专家学者为生态文化、生态文明建设建言献策。论坛举办后得到持续关注，学习强国、新华网、光明日报客户端等中央、省级媒体共同报道，清远近年来在生态文明的持续实践也得到广泛关注。其中，新华网推送的报道《广东清远第三届生态文化高峰论坛在线上举行》阅读量已突破百万。

本届生态文化高峰论坛12月4日在岭南书院（江心岛书院）举行，主题为"生态、人文、生活的对接和融合"，20多位来自北京、武汉、广州等10所高校的著名生态文化专家学者与清远本地专家、作家、诗人通过线上、线下的方式齐聚一堂。论坛设置"清远&生态""生态批评前沿""生态文明构建的维度""生态与诗意栖居"四个方面展开研讨，为生态文化与生态文明建设建言献策。

以生态著称的清远，先后获得"中国宜居城市""国家园林城市""中国生态休闲旅游城市""中国十佳绿色城市"等称号。生态与文化的相互结合、融合，催生了清远的生态文学，特别是生态诗歌，逐渐成为一个独具特色的当代诗歌流派。清远通过打造生态文化高峰论坛、生态诗歌笔会、出版生态文学丛书等，在文化维度构筑"生态理想"；倡导绿色生活十二条，从制度层面自觉建构生态生活范式；打造岭南书院（江心岛书院）、江心文化"湿地"，用场景打造可复制的人文生态。

三、清远生态访谈

广东清远生态文学实践及当下的引领意义

——著名生态诗人华海访谈

冯小军

编辑按语：近年来，广东省清远出现了一个令人欣喜的文学现象——以文学为引领推进生态文明建设，创作性地开展各种文化实践，特别是生态诗歌创作风生水起，成了广东乃至全国的一方热土。为借鉴他们的成功经验，本期对话我们邀请清远市委宣传部副部长戚华海同志谈一下他们的做法和收获。

冯小军：清远有怎样的文学历史，有什么样的历史文脉？近现代出现了哪些优秀作家作品？

华海：说到清远的历史文脉，我想跟他的生态环境密不可分。清远山清水秀，人杰地灵，有着丰富而独特的人文资源。它地处珠三角北端、南岭南麓，自古便是内地通往岭南的要冲，特殊的地理位置使得中原文化和岭南文化在此交流融合，形成了灿烂多姿的清远文化。整体上可以概括为：两条文化走廊、三种文化形态。

清远自古是南来北往的水陆交通要道。历史上，北江是内陆通往岭南的主要水道，伴随着南北文化的交流，在清远境内形成了两条沿江文化走廊，也就是北江文化走廊和湟川文化走廊。

三种文化形态，就是历史文化、宗教文化和少数民族文化，三种文化形态熔于一炉。历史上，岭南地区远离中原政治中心，交通不便，是很多失意官员被放逐贬谪的地方。历代贬官在这里留下许多诗文，构成清远宝贵的文化遗产。尤其连州文化在历史上曾盛极一时，这和它的地理位置有很大关系。境内的骑田岭秦汉古道，是内地通往岭南的最早"官道"。连州处于要道口上，中原文化就是沿着古道和湟川河传递而来，沿着湟川形成了一条独特的"湟川文化走廊"。唐代"文起八代之衰"的大文豪韩愈曾在当时连州所辖的阳山县做县令，在连州写下著名的文章《燕喜亭记》。有"诗豪"之称的唐代著名诗人刘禹锡，是对连州文化影响最大的历史名人。他在连州做了四年刺史，留下诗歌 73 首、散文 25 篇。宋朝的米芾曾任浛洸（今英德境内）县尉。苏东坡被贬后也曾两次途经清远，留下了"天开清远峡，地转凝碧湾"的千古名句。

清远的宗教文化具有儒、释、道三教合一的特点。道家七十二福地中就有两个在清远，分别是第十九福和第四十九福地。飞来寺为岭南著名古刹，始建于梁武帝普通元年（公元 520 年）。历代名人墨客，如唐代韩愈、张九龄，宋代苏东坡、朱熹，元代郭孝基，明代海瑞，清代屈大钧、袁枚等都留下了踪迹，形成了"峡江文化"的人文景观。总体而言，清远文化具有如下三个特征：一是历史文化、宗教文化和民族文化在清远兼容并蓄，使得清远文化具有多元性；二是由于清远是历史上中原到岭南的必经之地，处于中原文化与岭南文化的交叉带上，所以清远文化具有一定的过渡性；三是清远处于粤湘桂三省交界的山区，特殊的地理区位和独特的自然生态环境，使得多种文化在清远保留了一些较为原始的面貌，因此，清远的文化又具有一定的标本意义。丰富而饶有特色的历史文化、宗教文化和民族文化是清远生态文化发展的不竭源泉。

清远历代的文学作品，很多都是表现清远的山水的，清远山水既有北方之雄，又有南方之秀，"山水文学"构成了清远一个很重要的文学传统。我们现在的生态诗歌实际上是与唐宋以来清远的山水文学一脉相承的。

到了近现代，清远也出现了一些作家，清远在 1988 年建市之前是一个县，当时也出现了一些小说家，如关照禧、袁启生等。清远建市后更多来自各地的作家和诗人聚集过来，在小说、诗歌、散文等创作方面都取得了不俗的成绩。其中唐德亮的诗集《苍野》获第七届广东鲁迅文学奖；生态诗歌倡导者华海已出版《生态诗境》《当代生态诗歌》《华海生态诗抄》《敞开绿色之门》《一个人走》《红胸鸟》《蓝之岛》《一声鸟鸣》等生态著作。2008 年 5 月在清远召开"生态与诗歌暨华海生态诗歌国际学术研讨会"；青年诗人苏奇飞获得"柔刚诗歌奖"和"扬子江青年诗人奖"。近几年以李衔夏、叶清河为代表的青年小说家异军突起，开始生态小说方面的探索。

冯小军：今天的清远生态文学从诗歌发端的历史和现实原因有哪些？它的概念是什么时候提出的？对生态诗歌有没有明确的界定？

华海：清远的生态文学不是凭空产生的，它有产生的历史和现实原因。刚才我谈到清远从历史上就有山水文学的传统，清远历史上留下的一些诗歌，比如苏东坡的"天开清远峡，地转凝碧湾"，写的就是清远的北江风光，表现诗人看到这样的景象产生的一种内心冲动和激情，山水和人的心情是凝为一体的。韩愈的《夜宿龙宫滩》中写到"浩浩复汤汤，滩声抑更扬"，这表现的就是湟川——北江的一个支流小北江，诗句表现了湟川的江面上激流涌动。这其实折射出韩愈的一种思乡之情，他从中原来，岭南的山水景象跟北方迥然不同，晚上在船上夜宿龙宫滩，自然就想起了家乡。韩愈在阳山期间因为所接触到的山水风土与北方不同，对他诗歌形成独特的风格产生了很大的影响。这是生态诗歌发端的一个历史的渊源。从唐宋到明清，清远这一带都有诗歌集社的传统，就是一帮诗人集成一个诗社，吟咏创作。

如果说人文地理是历史的原因，那么生态地理就是现实的原因。

清远注重环境保护，重视生态发展，特别是"十八大"之后，清远把生态文明作为发展的明确定位。1998 年，明确提出珠三角后花园的城市发展定位。历届市委市政府都坚持生态发展的道路，特别是近年来，清远围绕生态发展区来推进生态文明建设，北部地区形成了岭南的生态屏障。清远的生态文明实践为生态文化、生态文学特别是诗歌发展提供了基础，可以说清远的生态诗歌、生态文学的产生和发展是应运而生，得天时地利人和。

　　"生态诗歌"概念最早是在 2003 年提出来的。我们都知道 2003 年发生了非典疫情，也是因为"非典"让我们重新思考人和自然的关系。当时我与两位学者分别进行了两场对话，与邓维善做了一个关于生态诗歌的对话，与单世联做了一个关于生态文明观的对话。在我跟邓维善关于生态诗歌的对话当中具体分析了生态问题，生态诗歌产生的根源就是生态危机的发生。后来，我还跟梅真有一个关于"我与生态诗歌"的对话，把我的生态诗歌观念做了进一步的梳理。我们认为当代生态诗歌作为现代社会批判和反思工业文明的一种文化现象，它与通常以人类中心主义为核心，以人的利益为唯一价值取向的诗歌有本质的不同，它把人与自然放在统一的位置，从生命共同体互为依存和相互影响的整体角度来体验和感受，并以对灵魂的反思和生命的体验，来调整人与自然日益紧张的关系。同时我们认为生态诗歌不是简单的生态加诗歌，生态观念的诗歌内化是其中关键，这个"内化"就是探索生态题材和生态思想的"诗歌化"，生态诗歌应当是体现生态美学追求的创新的诗歌。这是当时对于生态诗歌这个概念的解释。

　　后来，我们对"生态诗歌"不断研究探索，进一步提出了这样的观点：生态诗歌首先具有面向现实的一面，它批判反思生态危机现象，探究危机的根源，揭示人与自然分离乃至对立的悖谬；它更把立足点和归宿放在体验自然和想象自然上，这就是生态诗歌的三个基本特征：批判性、体验性和梦想性。梦想性是旨归，由对问题的批判回到对自然的生命体验，最终还是为了在诗歌中建构诗意栖居，体现人与自然和谐共生理想关系的诗歌境界。生态诗歌正是对生态文明这一时代命题的诗歌表达，无论在思想上还是审美形式上都与过去的诗歌迥然有别。

冯小军：清远生态诗歌取得了哪些成就？它在广东乃至全国的影响怎样？

华海：2019 年 4 月 14 日，《南方日报》发表过《生态诗花别样艳》的文章，王晓娜以生态视域下的清远诗歌创作为题，对清远的生态诗歌进行了一个系统梳理。在她看来，广东清远诗人群体创作的生态诗歌引起了诗坛的瞩目。她在文章中写道："华海一方面致力于生态诗歌创作，另一方面积极探索生态诗学，是这一领域卓有建树的诗人、诗评家。近年来，华海生态诗的数量很多，包括'静福山'系列、'笔架山'系列、'虚构之岛'系列、'二十四节气'系列、'红薯'系列等，质量也很可观，有许多作品均得到了诗坛和评论界的肯定。他的代表性诗作在洋溢着浓郁的生态诗意之余，也表达了对生态伦理的深刻思考，构建起一种具有生态整体主义思想的、浑然一体的澄明之境"。的确，清远生态诗歌的发展有一个明显的特点，就是创作实践和理论探索双向展开。在推进创作的同时开展生态诗歌的理论研究和文本批评，逐步推动生态诗学的建构。一开始是由我走出第一步，就是《华海生态诗抄》，这是国内第一部个人生态诗集。然后逐步影响了其他诗人，他们也开始生态诗歌的尝试。2008 年在清远举办了国际生态诗歌暨华海生态诗歌国际学术研讨会，举办时间正好是汶川地震发生的第二天，5 月 13 日。当时参加这个活动的有中外学者有的来自美国和韩国，在开幕式上著名诗歌评论家叶橹先生说，历史会记住这一天，这是生态诗歌为大家所认知的日子。第一个阶段是 2003 年到 2009 年，是生态诗歌的发端，主要是以笔架山为创作的基地，可以叫作笔架山时期；而 2009 年到 2013 年，就是静福山时期；

2013年至今，主要是以江心岛作为创作的一个标志，可以叫作江心岛时期，出版了《蓝之岛》《红胸鸟》等作品。

《庚子生态诗歌选本》收录了清远一些具有代表性的诗人的生态诗歌，以及全国各地诗人们的生态诗歌，2021年又出版了一套丛书：《生态清远文学丛书》。这套书影响很大，是对清远生态诗歌、生态文学的一个成果总结。目前清远已经有越来越多的诗人参与到生态诗歌创作的行列，包括唐德亮、唐小桃、李衍夏、马忠、苏启飞、还有林萧和他女儿林雨霏等，他们创作的势头很猛，有很好的创作潜力。清远现在的生态诗歌已经以团队的形式呈现出来，出现了一批具有代表性和地域性的作品。刚才提到《庚子生态诗歌选本》中就有不少，像《静福山》《蓝之岛》《清远蓝》等是代表性的作品。与此同时，清远生态诗歌在理论方面的探索也取得了丰硕成果。我们通过每年举办生态诗歌节、生态诗歌笔会，以及其他各种生态活动，集中进行理论探索，聚焦生态诗学的建构。先后出版了《当代生态诗歌》《生态诗境》《敞开绿色之门》《虚构之岛》生态诗歌评论集等专著。

清远的生态诗歌创作和研究逐步走到了全国的前列，而且跟国际学术界都能够对接。我们每年都邀请很多生态文学方面研究的学者参加我们的活动。如武汉大学的博导汪树东、山东大学的博导程相占，他们也非常关注清远的生态诗歌。汪树东老师对于清远生态诗歌的研究也取得了显著的成果，一些重要的论文发表在核心期刊上面。长期以来一直关注清远生态诗歌的学者还有很多，比如龙其林、梅真。近年来，有大量研究清远生态诗歌的论文发表，也有很多青年学者，通过研究生态诗歌获得硕士学位、博士学位。把清远生态诗歌作为省级的或者国家级的研究课题。清远生态诗歌已经逐步走出广东，走向了全国。

冯小军：清远生态诗歌是否已形成流派？主要特色表现在哪些地方？

205

华海：清远生态诗歌正在逐步形成流派。要称其为一个流派主要从几个方面来看，第一，有没有明确的文学观念、诗歌观念；第二，有没有相对稳定的创作队伍。第三，有没有创作和研究活动来长期推动，而且形成品牌产生辐射带动影响。我想，这几点是检验它能不能称其为流派的主要因素。清远的生态诗歌从一开始产生就有自觉的生态诗学观念。前面我说过，我们一开始就提出生态诗歌的批判性、体验性、梦想性，生态诗歌的观念非常明确。这十多年清远的生态诗歌就是在这种明确的、自觉的生态诗学观念引领下往前迈进。大家出于一种生态自觉，使我们的生态诗歌与单纯的表现自然、表现山水田园的传统诗歌有了一个明显的区别。传统的山水诗歌、田园诗歌，只能算古典的自然诗歌，跟我们所倡导的生态诗歌有关系，但又不是一回事。我们可以从传统古典的自然诗歌当中吸取养分，比如从王维的山水诗歌、陶渊明的田园诗歌当中吸取养分，向传统学习，一脉相承。但是我们清远的生态诗歌又不是完全跟传统一样的，它是我们这个时代的诗歌，是带有我们这个时代的生态观念的，它首先面对的是我们这个时代的要求，围绕生态文明建设来回应生态问题，以及如何推动人的生态观念的转变，推动生态文化的发展，是自觉地把生态诗歌融入整体的生态文明实践。另外，我们清远的生态诗歌长期以来都自觉地在推动发展，我们组织了很多创作和研究活动。从 2014 年开始，我们每年都举办诗歌节，到今年已经举办了八届。而且每年举办的地方都不一样，在我们清远各县（市、区）举办，先后在清城区、清新区、英德、佛冈、连州、连山、阳山都举办过。这样便于我们做生态体验，可以领略清远不同的生态，到这些地方具体的山水风土人情当中去体验，激发诗人创作的灵感，唤起他们创作的激情。我们这样做有助于产生优秀的诗歌作品。我们曾经把它们编辑成为诗选集《清远蓝》。清远现在有一批能够自觉以生态诗歌作为自己创作方向的诗人，并且已经形成一个队伍，比较成熟且有创作实力的大致 15 人。最年轻的作者 12 岁，20 岁出头的诗人还有苏奇飞、李衔夏等人，这些青年诗人创作势头正猛，很有实力。少年、青年、中年、老年作者形成了一个梯队。不同年龄层次都创作了很多作品，唐德亮、唐小桃创作势头不减，作品发表在《文艺报》《诗刊》等媒体，引起了诗歌界和评论界的关注。辐射带动的效果明显，从开始一两个人写作到现在一批人写作，而且影响了广东其他地方的诗人也参与到清远生态诗歌活动中。像黄礼孩、黄金明、方舟这些在国内有影响的诗人都已经参与进来，每年东莞都举办森林诗歌节。

清远的生态诗歌已经形成了一些特色，一是鲜明的地域性，体现出岭南地理人文特点，它不是凭空产生的；二是实践性，清远的生态诗歌参与到了清远的生态实践，创作者既是诗人，同时也是践行者，通过举办生态诗歌活动，推动生态文化建设，进行生态意识的普及，直接参与到生态文明建设当中，既是记录者、见证者，又是实践者，所以实践性的特点非常明显；三是理想性，清远的生态诗歌既正视现实生态问题，同时又充满了理想精神，致力于在清远创造一种"诗意的栖居"，通过诗歌来表现我们对于未来的追求，体现人与自然和谐共生的理想。

冯小军：由生态诗歌开端发展到包括生态散文、生态小说、生态批评的清远生态文学现象，是否已形成整体性的风格特征？诗歌，散文，小说各种文学样式产生了哪些代表性的作家作品？

华海：近几年清远生态文学由诗歌扩展到了散文、小说、生态批评。清远的生态文学是跟我们清远人的绿色生活密切关联、相伴而生的。我在《生态清远文学丛书》首发式上曾谈到清远生态文学与生态实践的关联性，还谈到了在清远江心岛所做的让生态文化、生态文学落地为一种生活样式的社会实验。中山大学的陈希教授在羊城晚报发表了一篇文章，当中提出了这么一个观点：清远生态文学不仅关乎生态，而且还追求一种美的境界，并且付诸实践，形成"地域、创作、实践、梦想"四位一体的审美特征，所以清远的生态诗歌、生态文学，已经成为一个现象级的文学品牌。

这一次我们出版的《生态清远文学丛书》一共 6 册，里面有 380 篇诗文，包括了诗歌散文评论。现在清远也有小说家正在创作生态小说。这套丛书的出版是清远生态文学的新的突破，标志着中国生态文学又向前迈了一步，甚至可以为全国生态文化建设提供一些新的参考。

需要强调的是，清远的生态文学是在生态文明发展新时期产生的。作为岭南"绿色之肺"的清远，认真贯彻习近平总书记的生态文明思想，围绕生态发展区的定位，认真谋划，着力推动生态文明建设，把生态文化建设作为基础性工作来推进。首先是强化了观念的引领，在城乡大力倡导绿色生活，连续举办清远生态文化研讨会，清远的生态文学参与了清远的生态文化建设，在这个大合唱当中扮演了主角儿。

这两年我们清远的生态诗歌还出现了生态散文诗、科幻生态诗。我在今年 1 月份出版了《红胸鸟》生态散文诗集，该书出版后在当当网、京东网热销，年内多次加印。《红胸鸟》表现的就是我们在新冠肺炎疫情发生后对人和自然的一种新思考、新体验。我们还探索了科幻生态诗，把诗歌创作的目光放到更遥远的地方。

清远文学界做了这样一种新尝试，我们提出了科幻生态诗的概念。青年作家贾飞，创作了一批科幻小说，小说家、诗人李衔夏提出了宇宙生态诗学的观点，对生态诗学的观点做了进一步延伸。我也把视野拓展到了太空，创作了一系列以星球为题材的科幻生态诗，这些生态诗既指向未来的想象和虚构，又与当下以及过去相延续，是记忆的延伸，它突破了现有的时空，呈现出了另一种可能。在这样的诗歌当中，生态性与未来性因为梦想的力量而重构，体现了一种对未来的构想和人与自然和谐共生的愿望，评论者申文军认为，"这样的诗歌超越地球自然生态题材视角，以科幻的想象，切入对未来的审视，却依然保持着对于地球自然生态的意义和价值视角的遵循，呈现出未来宇宙时代与现时代之间的生态连续性，从而让科幻有了生态的维度，令人陷入对当下和未来的一种生态的思与情的关怀！因之，生态科幻诗或科幻生态诗，具有诗体探索的创新意义"。

冯小军：清远生态文学的出现对整个市域生态文明建设发挥了怎样的引领作用？有哪些新的生长点？

华海：我想从几个方面来说。第一就是观念的传播作用，作为观念的传播者，传播了一种生态文明观念、生态价值观。这个价值观的核心就是人和自然构成了生命共同体，如果生命共同体中的自然被破坏了，就是我们的家园被破坏了，我们就不能够可持续发展和生活，这是关乎现实又关乎未来的问题。生态文学首先体现的是一种生态文明观，以文学的方式传播，我觉得这是第一个作用。第二是引导人们进行生态实践的追求，让人们更加珍爱我们的环境和自然，参与到环境保护和生态文明的实践当中去。

生态文学反映了一些生态问题，敲响了警钟，引起人们的警醒，让你在这些问题面前感到震惊，这就有一种振聋发聩的作用，也促使人们回归自然，到大自然当中去体验，发现自然的美，让人和自然重新建立一种关系。至于有哪些新的增长点，清远现在的生态文学拓展到了生态散文诗，科幻生态诗，我们现在还在不断拓展，未来还要拓展到我们清远的绘画、摄影等方面。就是向文学之外拓展，一方面是内容上、题材上不断拓展。另一方面，就是让诗歌更多地走向人群，在这方面我们也有一些探索，比如我们把诗歌变成朗诵作品，跟朗诵家协会合作，每年的诗歌节和生态诗歌笔会都有生态诗歌朗诵，让大家都参与进来。我们还组织线上朗读，特别是在疫情防控期间，岭南书院组织了线上生态诗朗读活动。很多孩子在疫情防控期间参与到线上的朗读，有的时候是家长和孩子一起朗读，效果很好，线上参与的人数据不完全统计有几十万人。此外，我们还非常注重互联网时代的诗歌传播，开设了微信公号等。另外，还在学校里面开展生态诗歌的教育。也有些诗人写作儿童生态诗。生态诗歌影响越来越大，影响了社会上各阶层的人，特别是影响了很多青少年。通过生态诗歌的推广形成了浓厚的氛围。清远正逐步成为一个生态诗歌之城。

冯小军：在"五位一体"总格局中，清远市生态文学乃至生态诗歌还有哪些发展潜力？请您做一个大致的展望。

华海：清远生态诗歌的路还很长，现在还在发展过程当中。从几个方面来说，首先要进一步发展队伍。现在清远经常写诗歌的有大约20人，还需要不断发展，通过交流和培训来提高生态诗歌创作的水平，特别是我们举办的诗歌节、生态诗歌笔会也要不断提高水平，要办得一届比一届好。还有就是要不断推出清远的生态文学和生态诗歌作品，通过组织改稿会等活动把本土作家的作品推向国内有影响的报刊，征得更多关注，产生更大的影响。另外，逐步改变清远生态文学各种文体发展还不平衡问题，生态散文、生态小说、生态评论还比较薄弱。下一步我们特别要注重生态文学评论队伍的建设。在对外交流当中逐步把自己的本土生态评论家队伍建立起来，让他们参与研究和探讨，逐步扩大成果。清远的生态小说起步较晚，需要持之以恒地尝试探索。小说是一个更重要的文学门类，生态小说更容易被大家所接受，对生态小说的重视有利于生态观念更好地传播。清远的生态文学要更好地参与到清远整体的生态文明建设和生态文化实践当中，立意更高、站得更远。既要立足清远又要跳出清远，克服视野不够开阔，思想不够深刻，创新意识不强等弱点，重在出作品，出人才。

总体上说清远的生态诗歌创作现在是"星星多月亮少"，参与写作的人多，还缺少影响力大的作家和作品。前面说到清远生态诗歌正在逐步形成一个流派，但是要真正成为一个流派还需要有名家名作。另外，清远的生态文学在推广上做得也不够，要通过精心策划，利用现代传媒把它传播出去，让更多的人知道清远，了解清远，进而了解清远的生态文学。

清远的生态文学创作对于清远生态文明建设的意义，其实就是它的独特性，能够给欠发达地区一点借鉴。清远通过生态文学和生态文化来推动引领生态文明建设，对于欠发达地区可能具有启迪意义。实际上这样的城市和地区可以走出一条弯道超车的路，实现差异化发展。清远有一个江心岛，它也是诗歌之岛。清远江心岛的岭南书院是广东建成的第一个岭南书院，接下来我们计划把诗歌创作、生态文学创作更好地与江心岛岭南书院建设融合在一起。实际上，江心岛岭南书院本身就体现了一种生态文化和实践的结合。所以我们更多地把生态文学的创作研究推广与岭南书院江心岛的建设结合在一起，可以打造一个样本，一个清远生态文学发展的新样本。

"清远"是一个地名，也不仅是地名。"清远"是自然的历史，也是精神的地理。"清远"是一种诗的神韵，也是中华诗歌独有的审美风致。风神俊朗，清远神韵，在这个地点诗的歌吟，正成为这个城市诗人日常的仪式和心灵的话语。生态诗歌与一个地方的妙合神遇，构成了一场天合之作：清远神韵，山水清音。

本文发表于《生态文化》杂志 2021 年第 6 期

华海：中国生态诗歌倡导者。已出版《当代生态诗歌》《生态诗境》《华海生态诗抄》《静福山》《一声鸟鸣》《红胸鸟》《蓝之岛》等，入选《百年新诗百首解读》《新诗排行榜》等，曾举办"生态与诗歌暨华海生态诗歌国际学术研讨会"。入选《生态文化》杂志"2021年度生态诗作十大汉语诗人排行榜",获21届国际华文诗人笔会中国当代诗人杰出贡献金奖。

冯小军:《生态文化》杂志副主编,中国作家协会会员,河北省散文协会副会长,正高级政工师,中国林业生态作家协会常务理事。